勿失良机

改写人生的幼儿教育

【日】井深大　著

百花学习塾　译

上海科学技术文献出版社
Shanghai Scientific and Technological Literature Press

图书在版编目（CIP）数据

勿失良机：改写人生的幼儿教育 /（日）井深大著；百花学习塾译．—上海：上海科学技术文献出版社，2017

ISBN 978-7-5439-7505-7

Ⅰ．①勿…　Ⅱ．①井…②百…　Ⅲ．①幼儿教育—研究　Ⅳ．①G61

中国版本图书馆 CIP 数据核字 (2017) 第183519 号

幼稚園では遅すぎる—真の幼児教育とは何か

图字：09-2017-148

责任编辑：李　莺
装帧设计：许　菲
本书由上海郁文图书贸易有限公司经销

勿失良机：改写人生的幼儿教育

[日]井深大　著　　百花学习塾　译
出版发行：上海科学技术文献出版社
地　　址：上海市长乐路 746 号
邮政编码：200040
经　　销：全国新华书店
印　　刷：常熟市人民印刷有限公司
开　　本：650×900　1/16
印　　张：13
字　　数：150 000
版　　次：2017 年9 月第 1 版　2017年9 月第 1 次印刷
书　　号：ISBN 978-7-5439-7505-7
定　　价：35.00 元
http://www.sstlp.com

目　录

我所走过的幼儿教育之路（自序）………………………………… 1

井深先生与幼儿教育（代序）…………………………………… 2

前言 ……………………………………………………………… 5

第一章　从零岁开始的教育

1. 等进了幼儿园才开始教育，就太晚了！ ……………………… 2

2. 聪明与否，都取决于父母教育的方法 ………………………… 4

3. “幼儿教育”并非是为了培养天才 …………………………… 6

4. 婴儿看似无能为力，实则拥有无限潜能 ……………………… 8

5. 脑细胞的线路在 3 岁前就已经成型 …………………………… 9

6. 千万别把“严格教育期”和“自由放任期”搞颠倒了 ………… 11

7. “难”“易”这类大人的主观臆断，并不适合孩子 …………… 12

8. 幼儿拥有很强的记忆识别能力 ……………………………… 14

9. 对于幼儿来讲，有时候代数比算数更简单……………………… 16

10. 三个月大的婴儿就能听懂巴赫组曲 ………………………… 18

11. 六个月大的婴儿就能学会游泳 ……………………………… 19

12. 三岁之前，孩子大脑对于知识的吸收能力是无尽的 ………… 21

13. 幼儿只会记得他感兴趣的东西 ……………………………… 23

14. 如果不趁着还小的时候学，有的东西就一辈子也学不通了 …… 25

15. 早期教育甚至能够辅助医治孩子的先天听觉障碍 …………… 27

第二章　一流的环境造就一流的孩子

16. 教育和环境比遗传更重要！…… 30
17. 学者的孩子未必就能成为学者 …… 32
18. 如果人类的婴儿成长于兽群，也会与野兽无异 …… 34
19. 在合适的时候学习恰当的内容，一点也不难 …… 36
20. 幼儿更容易近朱者赤，近墨者黑 …… 38
21. 丰富的环境刺激，对婴儿的智力发育大有益处 …… 39
22. 毫不在意的事情，也会带来意想不到的影响 …… 41
23. 幼儿从绘本、故事中领会的东西和大人可能完全不同 …… 43
24. 千万不能把婴儿随便托给别人照顾 …… 45
25. 幼儿时期的体验是以后的思考和行事的基础 …… 47

第三章　母亲的怀抱是婴儿最好的教室

26. 幼儿教育没有固定的模式 …… 50
27. 多点拥抱多点爱 …… 51
28. 父母陪孩子睡觉好处多 …… 53
29. 孩子的五音不全是由五音不全的父母培养出来的 …… 54
30. 对婴儿“喃喃学语”要有声必应 …… 56
31. 儿语对话没必要 …… 58
32. 对孩子放任不管不问比娇惯溺爱更糟糕 …… 60
33. 孩子的恐惧和烦恼，常常源自大人意想不到的事情 …… 62
34. 刚出生的婴儿也会因父母吵架而不安 …… 64
35. 母亲的弱点会“传染”给孩子 …… 65

36. 父亲与子女间的沟通很重要 …………………………………… 67
37. 兄弟姐妹越多越好 ………………………………………………… 69
38. 祖父母能为孩子带来更多好的影响 ……………………………… 71
39. 大人应该鼓励幼儿之间的交往 …………………………………… 73
40. 孩子间的争吵，能增进他们的社交技巧 ………………………… 75

第四章　兴趣使孩子成长

41. 认生是婴幼儿具有模式认知能力的证明 ………………………… 78
42. 鞭子在孩子对其还没有认识的时候使用最有效 ………………… 79
43. 愤怒和妒意，是幼儿受挫的表现 ………………………………… 81
44. 当众数落缺点，可能会给孩子心灵留下创伤 …………………… 83
45. 对幼儿来说，表扬比批评更有效 ………………………………… 85
46. 激发兴趣，就是最好的学习方法 ………………………………… 87
47. 富有节奏感的东西能引发孩子的兴趣 …………………………… 89
48. 对于幼儿来说，“有趣”“愉快”就是“好”，“无趣”“责骂”就是“坏” …………………………………… 91
49. 孩子的兴趣，要长久保持才有意义 ……………………………… 93
50. “重复”是激发孩子兴趣的最佳途径 …………………………… 95

第五章　如何培养婴幼儿的创造力

51. 幼儿的想象和幻想，是培养孩子创造力的起点 ………………… 98
52. 幼儿通过模仿来培养创造能力 …………………………………… 100
53. 培养孩子的第六感（直觉）比让其掌握技术和理论更重要 … 102

54. 婴幼儿教育不应有性别之分 …… 104
55. 不要因为孩子年纪小，就在“性问题”上对他们说谎 …… 106
56. 不均衡的饮食将导致偏食 …… 108
57. 幼儿的时间观念来源于有规律的日常生活 …… 110
58. 新闻节目有助于孩子掌握标准的语言 …… 112
59. 看电视广告对孩子也有好处 …… 113
60. 自幼学和弦，孩子乐感好 …… 115
61. 音乐教育可以提升孩子的专注力 …… 116
62. 音乐教育可以发展孩子的领导力 …… 118
63. 音乐教育有可能提升孩子的颜值 …… 119

第六章　游戏是最好的教育方式

64. 背诵富有韵律的诗歌，可以增强幼儿的记忆力 …… 122
65. 在孩子的幼儿时期，应该尽量只让他们接触有价值的真品 …… 124
66. 有了某方面的专长，孩子就会对学习其他一切充满信心 …… 126
67. 扑克牌记忆力游戏可以培养孩子的思维能力 …… 128
68. 抓住时机，尽早地把铅笔和蜡笔递给孩子 …… 130
69. 给孩子固定尺寸的画纸只会把孩子养成固守成规的人 …… 132
70. 玩具太多，容易使孩子养成散漫的性格 …… 134
71. 把房间收拾得过于井井有条反而不利于孩子的成长 …… 136
72. 破坏秩序感，会使孩子的内心受挫 …… 138
73. 与其拿东西给婴儿看，不如去开阔婴儿的视野 …… 140
74. 玩具不仅要美观，还要玩起来有趣 …… 141

75. 对于幼儿来说，书本不一定是用来阅读的，积木也不只是用来搭建的 …… 143
76. 橡皮泥、折纸、剪纸等简朴的游戏就能培养幼儿的创造能力 …… 145
77. “演戏”有利于提升幼儿的创造能力 …… 147

第七章　在运动中培养多种能力

78. 让婴儿多活动身体有利于促进智力发育 …… 150
79. 不仅要锻炼右手，对左手也应勤加锻炼 …… 152
80. 正因为还是幼儿，更应该让他多走路 …… 154
81. 良好的体能有赖于后天的锻炼 …… 156
82. 体育锻炼开始得越早进步越快 …… 158
83. 对于幼儿来说，工作与游戏并无区别 …… 159

第八章　唯有母亲才能担起教育幼儿的重任

84. 幼儿教育不是幼儿园和小学的预备教育 …… 162
85. 幼儿教育，不是有钱有闲阶层的专利 …… 164
86. 缺乏远见的父母，教育不好孩子 …… 165
87. 对于女性来说，育儿是头等大事 …… 167
88. 幼儿教育始于母亲改变观念 …… 169
89. 父母亲也要时刻记得向幼儿学习 …… 171
90. 要想把孩子培养成才，需要父亲，更需要母亲 …… 173
91. 母亲不应该强迫孩子接受“教育” …… 175

92. 无论有什么理由，切勿让幼儿教育“缺席” …………………… 177
93. 在孩子 2 岁之前，母亲应该充当“虎妈”的角色 ……………… 178
94. 孩子不是父母亲的私有财产 ………………………………… 180
95. 父母亲若缺乏自信，会不利于孩子的成长 …………………… 181
96. 母亲的虚荣心会使孩子产生盲目的优越感 …………………… 183

第九章　要教育孩子，先教育自己

97. 改变孩子，从改变自身做起 ………………………………… 186
98. 真正的教育，是“孩子，你将来会超过父母” ……………… 188
99. 只有信任别人的人才能肩负起社会的未来 …………………… 190
100. 只有幼儿才能消除战争和种族歧视………………………… 192

我所走过的幼儿教育之路（自序）

——写在新版出版发行之际

自我涉足幼儿教育这一领域到现在，算来已经有 25 个年头之久了。起初，我对于所谓的“教育”基本上一无所知，但正因为我是个外行，反而有时候能关注一些专家们没有注意到的问题，以我自己独有的方式进行教育相关方面的研究。

1971 年，我所著的《幼儿园教育晚矣》一书出版发行，书中总结收录了我所创的幼儿教育理论，以关注幼儿拥有的无限可能性为主要内容。不过后来，随着大脑生理学等医学相关领域的不断发展，人们陆续发现新生儿及婴幼儿拥有着不可思议的惊人能力，我对幼儿教育的相关思考也随之不断发生改变。有点极端地说，现在我认为“胎教”才是幼儿教育中最重要的事情。

在此前，我写过《从 0 岁开始的育儿方法》等几本书，每本书上我对于幼儿教育的最佳时期和教育内容相关的看法都略有不同，这可能会让读者们有点摸不着头脑。不过，我对于“孩子的人品和性格取决于教育方法的选择”这一主张从未变过，反而愈加对此深信不疑。最后，我希望读者们能在阅读本书的过程中体会到其中蕴含着的热切心情与殷切期望。

井深　大

井深先生与幼儿教育（代序）

1992 年，井深先生成为日本首位被授予文化勋章的企业家、工程师。在井深先生的带领下，索尼从一家小型工厂发展成为世界知名企业，这给战后的日本人民带来了梦想与希望。不仅如此，在幼儿教育的研究方面，井深先生对日本文化所做的贡献更为突出。

本书中讲到，20 世纪 60 年代日本各地的大学因高等教育问题而展开了纷争，井深先生以此为契机，对婴幼儿教育问题展开了思考。在当时，发表言论的评论家、学者人数众多，但他们其中没有一个人像井深先生那样思考得那么认真深入。考虑到婴幼儿教育关系到肩负 21 世纪重任的年轻人的未来，井深先生迅速投身于婴幼儿教育的研究之中，并于 1969 年创办了幼儿开发协会。

我也自该协会创立时起，作为心理学家与井深先生一起共事。不过，在一开始时，虽然井深先生反复强调、提倡开展零岁教育的重要性，也只有极少数人理解了其真正的含义。尤其是很多学者只听闻是零岁教育就提出了反对，他们断定：婴幼儿尚不会说话，也不明白任何道理，对他们进行教育是没有任何意义的。

然而，井深先生深信："要发掘幼儿的可能性，0 ~ 3 岁的教育是至关重要的"，并没有向那些肤浅的反对言论屈服。1971 年，井深先生的首部幼儿教育相关著作《幼儿园教育晚矣》出版，"井深理论"就此问世。最先理解井深理论的，是对孩子的事情认真思考过的母亲们。很多母亲来信，报告说她们在实际中亲身实践了零岁教育法，在育儿的问题上开阔了眼界，受益匪浅。

自那以来，已经过了25年之久，现在重读这本书，我发现书中的主张也一点都不过时，这让我颇为震惊。在当年出版时，井深先生所提出的“孩子性格的塑造与能力的形成取决于3岁之前的教育”这一理论还只不过是一种假说，然而，随着大脑生理学研究的推进，这一“井深理论”的正确性得到了证实。我不禁再次为井深先生这种能准确地把握事物的本质的、天才般的直觉与智慧而钦佩不已。

如今，应当对婴幼儿进行零岁教育、婴幼儿教育已成为一种普遍认识，文科省[①]也开始对婴幼儿教育加以关注。正是井深先生，促使日本人的婴幼儿教育观念发生了翻天覆地的变化。不，不仅是日本，本书还被译为多种语言，在世界上多个国家广为流传，到如今，“井深理论”已成为一种引领全世界婴幼儿教育的理论。从这些事实中可以看出，“井深理论”对文化的影响是深不可测、极为巨大的。

对于井深先生来说，现今最为担心的问题就是人们是否对婴幼儿教育有着正确的认识。大家阅读本书之后应该知道，井深先生对于学校所施行的填鸭式的知识灌输型教育是完全否定的。但是，社会上对于井深先生所提倡的婴幼儿教育似乎还存在很多误解，认为这种教育不过是一种可以提高孩子的智力水平，能让孩子考进好学校、进入好幼儿园的教育，事实上这种想法与井深先生的教育理念大相径庭。

另外，井深先生特别强调：母亲所拥有的教育能力是十分伟大的。关于这一点，我想大家看一看最近的年轻人是什么样子的就能够理解。由于很多家长没有育儿的责任心，幼儿教育“缺失”，而等孩子上学之后，又突然转变态度，强制性地要求孩子学习，向孩

① 文科省：日本中央行政机构，主管学校教育、社会教育，对学术、文化、体育以及科学技术的振兴和普及进行指导并完善其设施。

子灌输知识，这种做法是不能把孩子培养成一个有旺盛的求知欲望、有主见、精神世界丰富的人的。而井深先生在25年前已经一针见血地指出了这一点。

井深先生并不喜欢回顾过往，他也许会说：“事到如今，《幼儿园教育晚矣》这本书已经派不上用场了吧。”但我认为，如今正是需要这本书的时代。

所谓经典著作，并不仅仅是指过去的旧书，而是指无论到了哪个时代都能发人深思，为人们指明生活的方向，让人受益匪浅的书。本书以婴幼儿教育的出发点为内容展开叙述，可以称得上是育儿“圣经”，是一本真正意义上的经典著作。我相信，这本书也必将继续大放异彩，熠熠生辉。

千叶大学名誉教授

多湖 辉

前　言

自古以来，人们就经常认为，无论是英才还是天才，他们的天赋都是由遗传或血统决定的。所以每当听到“乐圣”莫扎特3岁就能弹奏钢琴、约翰·穆勒3岁就能读懂拉丁语古典著作……诸如此类的逸闻时，一般人就会毫不犹豫地得出结论说：“可不是嘛，天才从生下来就是与众不同的！”

但是，调查一下这些英才与天才的幼儿期，我们就可以发现，莫扎特也好，穆勒也好，他们的父亲都十分重视对孩子的教育，严格且富有计划性。也就是说，不管是莫扎特还是穆勒，他们非凡的才能都并非与生俱来的，而是出生后及时地进行教育与环境熏陶的结果。

相反地，如果刚出生的孩子在恶劣的环境条件下成长，一直得不到良好的教育的话，情况又会是如何呢？在这里，我们可以举出有名的狼少女“卡玛拉”“阿玛拉”这两个孩子的故事作为典型例证。

1920年10月，在距印度加尔各答西南110千米的小山村里，传教士辛格夫妇在一个洞穴中捕捉到两只“动物”，确切地说，是两个由狼哺育长大的人类女孩。辛格夫妇将这两个女孩分别取名为卡玛拉、阿玛拉，并煞费苦心地设法教导这两个女孩，希望她们俩能够恢复人类的本性，但最后还是以失败告终。

一般人理所当然地认为：人类的孩子当然是人，狼的孩子当然是狼。但是，事实上受出生后的教育方式与环境因素的影响，人类孩子也是有可能会更接近于狼的。

每次当我耳闻目睹诸如此类的事例，我就不禁感叹教育与环境对于新生儿的影响实在是太大了。为了日本乃至全世界的繁荣发展，我认为必须将“幼儿教育”这一问题真正地提上议事日程。因此，1969年，我创立了财团法人——幼儿开发协会，招集国内外的专家、学者，着手研究幼儿教育的问题。同时开设实验幼儿班，全面研究、分析、发展和应用世界知名的铃木镇一老师所创的“铃木教育法”。

随着研究的不断推进，我们发现过去对幼儿的看法是大错特错的。我们自以为对孩子的事情无所不知，但实际上是知之甚少。因此，才会在孩子3岁以后，脑细胞已经基本发育成熟时才开始着手教育，并因教育内容的问题而争论不休。大脑生理学最新的研究成果表明：到3岁时，人的脑细胞发育已完成了70%～80%。

就算是要进行“幼儿教育”，也不用那么紧张。提起教育，人们往往会马上联想到知识的传授。但实际上，幼儿教育不过是学前阶段的教育。幼儿教育的关键在于把握“适当的时期”。母亲身负着教育孩子的重任，要为孩子的未来而考虑，竭尽所能地教导孩子。

我之所以写这本书，就是希望能为这些母亲们助一臂之力。希望她们能在这本书的引导下，将更多的幼儿培养成出类拔萃的优秀人才。

井深　大

1971年5月20日

第一章

从零岁开始的教育

1. 等进了幼儿园才开始教育，就太晚了！

在进入正题之前，请先试着回忆一下你的学生时代。大家肯定都有过这样的经验吧，在同一班级里面，既有出类拔萃、极为优秀的好学生；也有怎么学都学不好的差生。好学生就算没做出多大的努力，成绩也总是名列前茅；而差生无论怎么拼命用功也都是徒劳。面对这种情况，老师们总会安慰我们说："聪明并不是天生的，而是后天努力造就的。"

但是，我们却能切实体会到聪明的人就是聪明，笨的人就是笨，这些都是出生时就决定了的，根本无法改变。这到底是怎么一回事？老师说的"聪明并不是天生的，而是后天努力造就的"与我们切身体会到的"聪明与否都是天生的，无法改变"这两种说法，到底哪个才是正确的？

要我说，我觉得这两种说法既都是正确的，又都是错误的。别人可能会说："什么呀，你说类似这种禅语问答的话是想岔开话题吗？"但我并不是这个意思。

从结论上来说，一个人的能力和性格虽然并不是与生俱来的，但会在某个特定时期之前就初具雏形。自古以来就有"教育比门第更重要""血浓于水"等说法，人的能力和性格到底是由基因和血统决定的，还是在后天教育的影响下形成的呢？这一问题一直备受争议。但迄今为止，即使相关学者进行了大量权威研究，也没有得出令人信服的学说和明确的结论。

但是，最近随着大脑生理学和遗传学等相关研究的不断深入，人们发现：一直以来被认为主要受遗传因素所决定的人的能力和性格，实际上基本是在 0 岁到 3 岁之间塑造成型的。也就是说，在刚出生的时候大家都是一样的，世界上并不存在天生的天才和蠢材，是天才还是蠢材完全取决于后天的教育。你若精心培养就可以培养出天才；你若对幼儿教育置之不理也可以养成蠢材。

话虽如此，培养天才并不是随心所欲就能达到目标的，比如想把一个成年人培养成天才是不可能的。人的能力和性格，大多是在0~3岁之间就已经基本定型。举例来说，上学之后，头脑聪明的孩子不费力气就能解答出的问题，头脑迟钝的孩子要花费大量时间和精力才能解答出来，这种不公平的差异的根源就在于孩子0~3岁这个阶段的教育方法的不同。因此，等到孩子进入幼儿园才开始教育就已经太晚了。

金银财宝如粪土，舐犊之情珍无价。

——良宽

2. 聪明与否，都取决于父母教育的方法

可能很多人会感到疑惑，为什么我会转而涉足幼儿教育这一领域，我的本职工作明明是技术人员和企业经营者呀！不过，我觉得关心幼儿教育这一重要的问题是理所当然的，我一旦想到，世界上还有家长对理所应当的幼儿教育置之不理，就觉得有些坐立不安。

当然，我对幼儿教育感兴趣也是有直接原因的。一是因为我对现代教育制度怀有疑问；其次是因为我也是一个为自己孩子的问题操心苦恼的家长。

事实上，我有一个智力低下的孩子。在这个孩子的幼儿期，我完全不知道即使是他这样背负沉重命运的孩子，只要方法得当，从0岁开始教育，也能在很大程度上提升他的智力水平。让我茅塞顿开的是因创办小提琴早期教育而闻名世界的铃木镇一老师的一席话。他说："只要方法得当，什么样的孩子都能教育成才。"听了这番话，又了解到铃木老师这番话之下的实际产生的惊人成果，我就觉得自己作为家长十分失职，什么都没有为自己的孩子做，不由得悔恨万分。

大约30年前，在日本的许多大学因高等教育问题而展开纷争时，我曾认真思考过教育的含义是什么、应该怎样进行教育的问题。一开始，大家只是看到了大学教育的理想形式和大学教育制度中存在着的问题。但是归根结底，这些问题在大学之前的高中就已存在，继而追溯到高中之前的初中、初中之前的小学，问题就已存在。所以可以得出结论，即进入幼儿园后再对孩子进行教育就已经太晚了。这种想法出乎意料地与铃木老师所试行的幼儿教育的方法不谋而合。

铃木老师所提倡的"铃木教育法"这种独特的幼儿教育法已经试行了近30年。在此之前，上小学、初中之后才开始教育是世人普

遍认可的，但是到了这个时候，头脑聪明的孩子和头脑迟钝的孩子之间的差距就已经一目了然了。这样的话，更早一些开始教育又会怎么样呢？在这种想法之下，孩子的受教育年龄越来越早。我因为大学高等教育纷争的发生才想到的问题，铃木老师早在 30 年前就已经开始着手实践了。铃木老师教导孩子们学习小提琴，不仅因为恰好他是个小提琴家，而是因为他的教育方法适用于所有领域——正是出于这种想法我才开始认真研究幼儿教育的。

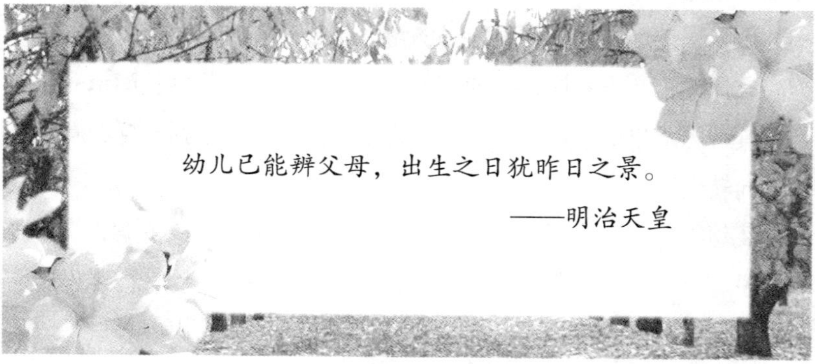

幼儿已能辨父母，出生之日犹昨日之景。

——明治天皇

3. “幼儿教育”并非是为了培养天才

我在之前也说过“若想要培养出天才，取决于孩子 0 岁到 3 岁之间的幼儿教育”。这样说肯定会有很多家长反驳我说，“那么，幼儿教育是不是就是一种能培养出天才的教育啊？”我的回答是“No”！幼儿教育唯一的目的，就是要培养出头脑灵活、体格健全、性格开朗的孩子，并不是为了造就天才。

除非有什么特殊的生理缺陷，每个人生下来都是一样的。孩子会有头脑聪明与智力低下的差别，以及性格坦荡与性情乖戾的不同，问题的根本都在于家长的教育方式的不同。无论怎样的孩子，只要在适当的时期内给他必要的教育，都能将其培养成头脑聪明且性格好的孩子。

虽然可能有些不慎重，但拿小狗的例子打比方就方便大家理解了。无论小狗的血统是多么纯正高贵，如果置之不理的话它就可能会与野狗为伍，慢慢地会染上野狗凶暴的习性，最后彻底沦为一只野狗。小狗尚且如此，更不用说人类的宝宝了。刚出生的婴儿大脑尚未完全发育，其智力水平低于小狗，如果教育不当，就会和小狗一样朝着不好的方向转变。

我想很多人可能还记得当年轰动一时的少年连环枪杀案，少年犯人并没有什么特殊的犯罪动机。他在狱中的忏悔手记后来得以出版，书中写道：“我的天性与性格，似乎是在 5 岁之前就已经养成了。从人的一生来看，5 年的时光短暂，稍纵即逝。但出生后的这 5 年又是十分重要的，因为养成的性格将影响人的一生。做父母的怎么能掉以轻心呢？”（摘自《无知的泪》原文）少年犯人在书中痛彻地悔恨自己的幼儿时期没有受到良好的教育，我想肯定很多家长看到这里都会感到痛心吧。

我认为幼儿教育的根本目的，就是希望社会上不再出现像上面说的那样不幸的孩子，希望世界上不会再有难得的良才被埋没的事情发生。这只能依靠从出生之后不久便开始的育儿方法。

让孩子聆听优美的音乐，学习弹奏小提琴，不是为了培养音乐天才；教孩子学英语，学习汉字的拼读也并非为了造就语言天才。当然，优秀的育儿方法更不是为了让孩子上好的幼儿园和小学而进行的预科教育。小提琴教育、英语教育以及汉字教育，都不过是为了开发幼儿无限潜能的其中一种方法而已。

金银珠宝有何用，集宝敛财害子孙。

——山上忆良

4. 婴儿看似无能为力，实则拥有无限潜能

刚出生的婴儿体内蕴含着无限的潜能。我正是从这一点出发开始思考、探索幼儿教育问题的。但是，人们可能会怀有疑问：怎么能对什么都不会的婴儿拥有的潜力寄予那么大的期望呢？

针对这一疑问，我想回答的是："正是因为婴儿没有什么能力，才拥有巨大的潜力。"确实，与其他动物的宝宝相比，人类的婴儿是以一种尚未发育完全的状态降临于世的。刚生下来的一段时间里，除了哭和吃奶以外什么都不会，也只有人类的宝宝是这样的。其他的动物，无论是狗、猴子，还是马，生下来就能站、能走。动物学家认为：人类和其他动物发育完全所耗费的时间相差 10 ~ 11 个月。

会出现这种差距，其中一个原因在于人类与其他动物的行走姿势不同。人类是直立行走的，所以胎儿无法在母亲体内待到会走路时才出生。

与其他动物在母亲体内就已经具备了行走等能力相比，人类婴儿是在没有任何能力的状态下出生的。因此，人类婴儿的能力完全取决于后天的教育。

更进一步来讲，其他动物在出生时大脑就已发育完全，而人类婴儿的大脑却如同一张白纸，尚未发育完全。

因此，孩子最后能掌握什么能力，完全取决于家长在这张白纸上涂抹下什么样的色彩。

如果教育得当，就能将孩子培养得出类拔萃、性格优良。相反，如果在这一时期教育不当，孩子就会智力低下、发育迟缓。

5. 脑细胞的线路在 3 岁前就已经成型

据说人类的脑细胞约有 140 亿个。刚出生的婴儿的大脑宛如一张白纸，大部分脑细胞尚未开始发挥作用。那么，到底到什么时候脑细胞才开始完全发挥作用呢？根据最新的研究结果显示是在 3 岁之前。

一个个散落分布的脑细胞是无法起到任何的作用的。大脑显微镜影像显示，幼儿出生后，随着时间的推移，智力不断提升，脑细胞逐渐集结起来，像桥梁一样的突起不断增多。也就是说，众多脑细胞彼此伸出手来，相互连接、缠绕，开始产生大脑特有的功能——处理从外界接受的信息。这和计算机的运行原理相同，一个个单独的晶体管（半导体零件）无法发挥任何功能，只有连接在一起才能发挥计算机的功能。

脑细胞相互缠绕、迅速集结在一起，恰好是在幼儿 0 岁到 3 岁这一期间进行的。到 3 岁时整个大脑线路的 70% ~ 80% 已连接成型。随着大脑线路的连接，大脑重量也不断增加，一般情况下，到婴儿 6 个月大时，大脑重量比出生时增加一倍；到 3 岁时，增加到成人大脑重量的 80%。

当然，并不是说孩子过了 3 岁之后，大脑就不再继续发育了。从 4 岁左右起，大脑其他部分的线路开始连接。3 岁之前是形成大脑后部的细胞线路，而 4 岁以后是在位于大脑前部被称为前额叶的部分形成脑细胞线路。3 岁之前与之后形成大脑线路的差别是：用计算机术语来讲，3 岁之前形成的脑细胞线路相当于计算机的硬件部分，即计算机的“机械本体”部分；而 3 岁之后形成的脑细胞线路相当于计算机的软件部分，即教导你如何正确使用计算机的部分。

接收外来刺激，进行辨识、记忆，是最基本也是最重要的信息处理机制。这种机制形成于 3 岁之前，而思考、意志、创造力、情操等能正确发挥信息处理机制作用的大脑高级功能，是在 3 岁之后产生的。

因此，如若 3 岁之前形成的脑细胞线路即计算机的硬件部分不够完善，那么 3 岁之后再怎么费尽心思地锻炼大脑的高级功能也无济于事。就好比低配置的计算机，无论操作水平多么高超，也无法计算出精确的结果。

思子之情岂无形，吾儿睡姿浮心头。

——昭宪皇后

6. 千万别把“严格教育期”和“自由放任期”搞颠倒了

现在仍有很多心理学家和教育学家提出：带有目的性地对刚出生的孩子进行教育是一种罪恶。

他们认为，向孩子幼小的脑子里强硬灌输各种各样的知识，只会养成孩子心胸狭窄、孤僻的性格。在孩子的幼儿期，就应该顺其自然地任其自由发展。而且，甚至有人认为孩子就算有些任性也是天性使然、无可厚非的。

似乎很多妈妈都赞同这种说法，标榜自己为“自由放任主义”，心安理得地觉得自己既通情达理又温柔体贴，是新时代的好妈妈。

然而，一旦孩子上了幼儿园、小学之后，妈妈们就不再主张自由放任主义了。在此之前，她们觉得孩子还小，容许孩子为所欲为。而等到孩子上学之后，她们开始对孩子进行严格教育，从“慈母”突然摇身一变为可怕的“虎妈”。

然而，这些想法都是妈妈们自以为是的想法。通过之前所讲的人类大脑发育方式我们可以知道，只有在孩子的婴幼儿期就开始进行教育，才能最终达到虎妈们所期待的效果。在我看来，那些因早期就开始教育，而受到世人指责和嘲讽的妈妈们，才是真正正确的“教育者”。

正是在孩子的婴幼儿期才应该进行正确、严格的教育，等到孩子 3 岁之后自我意识开始萌芽，就要逐渐开始尊重孩子的意志。容我说一句极端的话，父母的干涉应该在孩子进入幼儿园以前结束，否则会扼杀孩子难得的才能，最终只能使孩子的反抗心理一味地滋长。

7.“难”“易”这类大人的主观臆断，并不适合孩子

我们大人总是动不动就说：“这本书对于孩子来说太难了”“孩子肯定听不懂古典音乐”等诸如此类的话。那么大人到底是以什么为标准做出这种判断的呢？对于一个还分不清难易、好坏的婴儿来说，无论是英语还是日语，无论是巴赫的乐曲还是童谣、是单音音乐还是和弦音乐，它们都是一样的。

尤其对于直观判断，知识并不是必要的，在某些情况下，知识反而会妨碍我们做出判断。读者朋友们当中肯定有不少人都有过这样的体验：看到一幅所谓的名画，就算没有什么特别的感触，看到一旁标注的画家名字及价格，也会为之折服，赞叹：“名画果然名不虚传！”

与此相似，婴儿是诚实、不虚伪的。婴儿看到自己喜欢的，以及吸引自己的事物，马上就会痴迷其中，无法自拔。

美国有一档超高人气的面向幼儿的电视节目，叫作“Sesame Street”，翻译过来为“芝麻街”。节目以纽约哈莱姆大街为主场景，登场人物全是住在这条街道上的玩偶。

这个节目的有趣之处在于，登场人物个个活灵活现，就好像生活在我们身边一样。人们本来以为，节目中的人物众多、性格复杂，2岁左右的幼儿是无法理解，但出乎意料的是事实并非如此。幼儿们都有自己所喜爱的人物，每当自己喜爱的人物出场，他们就仿佛身临其境一般。最受幼儿们喜欢的是一只布偶金丝雀，它虽然毛手毛脚，什么事都做不成，但是天真直率，有着一股持之以恒的学习精神，所以让孩子们无法忘怀。

幼儿们虽然话还说不清楚，但是能和大人一样，甚至能更深刻

地理解这些性格复杂的玩偶们。他们知道自己喜欢谁，具有这种意识是非常重要的。

所以说，大人根据自己的臆测来判断是否适合孩子，实际上并不符合客观事实，上面的例子完全可以说明这一点。

井深先生在每期《幼儿开发》杂志的卷首，都会写下简短的《本月寄语》，这些随笔被称作“井深理论”，深受读者们的喜爱。我们从中挑选了一些与本书密切相关的主题，来作为本书附录的幼儿教育寄语。

不妨反复尝试

无论是什么事，婴儿都喜欢反复尝试、反复进行。这一点，有诸多实例可以证明。虽然有些强人所难，但我希望各位家长们能够开动脑筋，想出一些好的方法，来让孩子自出生起就开始反复尝试做些好的事情。

这一点只有孩子的母亲才能做到。并且，尽早开始也是避免为时已晚的最好方法。

（一九八五年五月）

8. 幼儿拥有很强的记忆识别能力

这已经是很久以前的事情了，当时只有两岁的孙子来家里玩，他一边指着窗外的霓虹灯广告牌，一边洋洋得意地告诉我说："那个是日立，这个是东芝。"看到我的孙子竟然才两岁就认识"日立"和"东芝"这么难的字了，我按捺不住内心的喜悦，问孩子妈妈："他是什么时候开始认字的？"

然而孩子妈妈告诉我，孙子并不是认识字，而是把"日立"和"东芝"的商标当作一种图案加以识别和记忆。我不由得为自己这个傻爷爷而发笑。我想，肯定不只我一个人有过这种经历吧。

前几天，有一位住在藤泽市的28岁的母亲，读了我们周刊杂志上连载的《幼儿智力开发论》后，给我写了一封信。信中说，她的大儿子现在两岁半了，孩子从两岁的时候开始记汽车牌子，在短短的两三个月中，就毫不费力地记住了40多种不同型号的国产及进口汽车，甚至连停车场内、盖着车罩的车型也能辨别。之后不久，孩子开始记各国国旗，到现在能记住30多个国家的国旗，甚至连蒙古、巴拿马、黎巴嫩等大人都记不住的国旗也能准确说出名称。

由此可见，幼儿的识别记忆能力远超大人的想象。也就是说，幼儿具有笼统地把某种事物当作一个模式加以识别、记忆的能力。举个明显的例子，刚出生几个月的婴儿也能认出母亲的模样，很多婴儿别人一抱就放声大哭，而母亲一抱就马上露出笑脸。虽然婴儿体会到了来自母亲的爱也是一个原因，但根本原因还是孩子把妈妈的模样和搂抱的方式当作一种模式加以记忆的结果。

知名汉字教育专家石井勋老师的实验结果显示，3岁左右的孩子能轻而易举地记住"鸠""麒麟"等较难的汉字。幼儿连人脸的细微差别都能辨别，大概不会为复杂的汉字而发愁吧。与“九”和“鸟”这样抽象的汉字相比，“麒麟”“狸”“狐”等孩子认识的动物的汉字，虽然笔画复杂，反而更容易记忆。

这就可以解释为什么玩扑克牌记忆力游戏时，大人玩不过孩子了。因为大人总是有意识地去默记每一张牌上的场所、数字和符号，而孩子是把它作为一种模式去记忆的。

世间情丝千千万，不及慈母思儿深。

——纪贯之

9. 对于幼儿来讲，有时候代数比算数更简单

据说，“集合论”是现代数学的基础之一。以前，我们大人都是从数的概念学起，学完算数才学代数，因此，“集合论”是很难理解的。然而，对于幼儿们来讲，让大人们头疼不已的“集合论”并不是很难理解。法国数学教育权威吕西安娜·菲利克斯女士曾断言称：“无论多早教孩子‘集合论’都不算早！”

“集合”，简单来讲，就是指物的集合。当幼儿从积木盒中取出积木，一一将方形积木与三角形积木分开时，就已经有了“集合”的意识了。幼儿非常清楚，每个积木都是集合的一部分，分别堆放的方形积木和三角形积木就是部分集合。道理虽然简单，却是“集合论”的基础。对于幼儿来讲，简单的“集合论”的原理当然比复杂难懂的算数公式更容易理解。

因此在我看来，大人们认为的算数简单、代数很难的看法只不过是一种错误的固有观念。如果大人有幼儿那种能理解“集合论”的头脑的话，应该就不会再有这种看法了吧。

举个“鹤龟算法”的例题，假设鹤和龟加起来共8只，共有20只脚，问鹤和龟分别有几只？

如果用代数来解答的话，那么，分别设鹤、龟的数量为 x、y，可以列出下列两个代数方程式：$x+y=8$；$2x+4y=20$。根据这两个式子，便可以简单计算出 $x=6$，$y=2$ 的结果。就算把 x 替换成○、y 替换成△结果也是不变的。

那么，如果用日本的“鹤龟算法”来解答这道题又会如何呢？

假设 8 只全是龟，一只龟 4 只脚，则共有 32 只脚。原题中是总共有 20 只脚，因此多出 12 只脚，这是因为把 2 只脚的鹤全部假设

为 4 只脚的龟的缘故。也就是说，鹤脚的实际数量是 32 与 20 的差，即 12。所以，鹤的数量是 12 除以 2，等于 6，用总数 8 只减去 6 只，得出龟的数量为 2 只。

如果一开始把要求的数用 x 和 y 来代替，就能够很合理又直接地得出结果，为什么特意要用复杂的“鹤龟算法”去解答呢？代数解法虽然不能让人一下子就明白，但它有逻辑性，比起那种乍一看很简单，实则比较繁复的“鹤龟算法”要好理解得多。

播种，然后等待

家长对于幼儿所感兴趣的东西的确应该反复教授，但是如果急于验收成果的话就大错特错了。

与大人不同，无论是外语发音也好，数数也好，幼儿都能自然而然地领会贯通现在所记住的东西。这种记忆，与长大后到了必要的时候才开始死记硬背的记忆方式是大相径庭的，希望各位家长能够懂得这一点。

（一九八五年七月）

10. 三个月大的婴儿就能听懂巴赫组曲

索尼公司厚木工厂为了解决双职工夫妻俩都要上班、家中幼儿无人照看的问题，创办了一家幼儿园。前几天，以园内幼儿为对象，针对孩子们最喜欢的音乐进行了调查，结果很出乎人们意料。

幼儿们最感兴趣的竟然是贝多芬的第五交响曲《命运交响曲》，排在第二位的是电视上从早放到晚的流行音乐，而为幼儿们创作的儿歌反而最不受孩子们欢迎。这一调查结果让我很感兴趣。

对于古典音乐，我们大人都常常敬而远之，孩子们却觉得很有意思。这也许是幼儿从一生下来就具有能够理解复杂古典音乐的乐感的缘故吧！

从铃木镇一老师的实验结果来看，5个月大的婴儿似乎就能听懂安东尼奥·维瓦尔第（意大利作曲家、小提琴家）的协奏曲。说起来，我曾从友人的女儿这对年轻夫妻那里听说过这么一件事情：

这对夫妻很喜欢听古典音乐，自孩子出生起，就每天让其听几个小时的巴赫第二组曲。过了3个月，孩子竟然跟着音乐旋律手舞足蹈起来。乐曲接近尾声时，音乐旋律更加激昂，婴儿动作幅度也跟着加大。曲子结束后，婴儿会表现得不开心。而且，平常在孩子哭闹磨人时，只要一播放这个组曲，孩子就会马上开心起来。然而，播放爵士乐代替巴赫的组曲的话，孩子就会立刻放声大哭。

听到这样的事，我大吃一惊。难道刚出生3个月的孩子就能听懂巴赫的组曲吗？我再次领教了幼儿所具有的超乎寻常的乐感。

当然，我并不是说古典音乐一切都好，我只是为幼儿能理解如此复杂的音乐所惊叹不已。一直以来，我们日本人不熟悉西洋古典音乐，大概就是因为幼儿时期常听儿歌、民歌的缘故吧。

11. 六个月大的婴儿就能学会游泳

就连堂堂的彪形大汉中也有不会游泳的“旱鸭子”，而婴儿却一教就会。对此，肯定有很多人会感到震惊。

对于出生后还不会用脚走路的婴儿来说，无论是浮在水面或是在地上爬来爬去，都是一种本能，两者并没有什么不同。因此，不应该说婴儿也会游泳，而应该说，正因为他们是婴儿，所以才会游泳。

我记得曾经在很多年前，看过这样一篇报道。有一位叫作杜·比尔赛尼尔的比利时人，开设了一家专门训练婴儿的游泳教室。他的实验结果表明，把出生3个月的婴儿放进泳池加以训练，到了婴儿9个月大的时候这些婴儿不仅能仰着身体浮在水面上，而且还能自如换气。

1969年8月，第六届国际女子体育会议在日本东京召开的时候，会长里杰特·狄姆也在会上报告称出生不久的婴儿会游泳，引起了极大的反响。

据狄姆会长说，如果把5个月大的婴儿放在水温32℃的泳池里进行训练，3个月后，婴儿平均能在水里游动6分钟，更惊人的是，最高纪录竟达8分46秒。在记者发布会上，狄姆说：“幼儿在水中保持身体平衡的能力比在陆地上要强。开始的时候，大人要用手托着婴儿的身体，帮助他们浮在水面，等到他们习惯之后，就能自己浮在水面上。即使让婴儿整个脸都浸入水中，他们也会闭起眼睛，屏住呼吸，等着身体浮上来。慢慢地，婴儿连划动手脚前进都学会了。”他还一再强调，人类具有的所有潜能都能从0岁起开始发掘。

0岁婴儿也会游泳的这一事实，正印证了婴幼儿具有无限的潜能。另外，也有报告指出，如果教刚刚学步的婴儿轮滑，他们同样也可以滑得很好。对婴儿而言，在他的未知世界里学习走路也好、游泳也好、轮滑也好，都是一样的，都可以学会。

当然，人们所做的这些实验，不单单是以教孩子游泳和小提琴为目的而进行的。游泳可以促进孩子的睡眠，增强孩子的食欲，使孩子的反射神经变得敏锐，四肢肌肉发达。总而言之，是开发幼儿潜能的方式之一。我们都说：“打铁要趁热。”等到铁凝固了再打就为时已晚了，铁只有在成形之前锤打，才能打出结实、上等的铁。

12. 三岁之前，孩子大脑对于知识的吸收能力是无尽的

《会说英、西、意、德、日 5 国语言的天才兄妹和“虎爸”》这一报道，曾在社会上引起热议。“虎爸”——永田益夫，他辞去了长期从事的教师工作，把全部精力放在孩子的教育上（他自称“家庭主夫”）。当时他的儿子二岁半，女儿仅三个月大，因此，当时有不少人都指责这位爸爸的教育太过严苛。很多人认为：孩子还这么小，就强硬地往他脑袋里灌输这么多东西，未免也太可怜了，对于孩子来说负担过重，甚至可能适得其反，导致孩子性格变得狭隘，实在有些得不偿失。

然而，事实上，永田一家过得十分和睦，孩子也身心健康，这一点就是反驳当时那些持反对意见的人们最有利的证据。父亲揽过在家里教育孩子的任务是否恰当先另当别论，但在发掘幼儿的潜能方面，永田先生的教育方法的确给了我们非常珍贵的启示。我们还是听一听永田先生自己谈谈他那独特的幼儿教育方法吧——

“孩子几乎是同时开始学英语、意大利语、德语、法语……这几种语言的，这是因为听收音机播放的外语讲座时，一般是用一种语言解释另一种语言的，因此各种语言之前就形成了横向联系。恰好，那个时候孩子在学习的钢琴曲，乐谱是由意大利语书写的，而说明文字是由英语、德语、法语书写的。如果看不懂说明，就无法完全把握曲子的感情精髓，这也是我让孩子提早学习多种语言的一个原因。”

曾有人问：“一下子学习 5 种语言，不会混在一起吗？”永田先生回答说：“不会，孩子们都能分得很清楚，他们学习外语基本上全靠听广播。广播中的外语讲座让人很有亲切感，发音也很认真、

清晰，慢慢地，孩子们也开始跟着广播练习发音了。”（摘自《幼儿开发》1970年5月刊）

看来，3岁之前幼儿的大脑对知识的吸收能力比我们大人的要强得多。因此，大家根本不用担心给孩子灌输得太多的问题。幼儿的大脑，像海绵一样能够吸收很多的东西，一旦吸收够了，就会自动停止吸收。所以，我们现在应该担心的，并不是给孩子灌输得过多的问题，而是灌输得过少。永田先生的经验向我们证明了这一点。

13. 幼儿只会记得他感兴趣的东西

前面已经讲过，婴儿的大脑有着极佳的吸收能力。不过，在这个时期，婴儿的吸收能力只是机械地将被给予的信息记在脑子里，还不能对所吸收的信息进行筛选、理解。可以说，婴儿只能将来自外界的信息原封不动地装进脑子里。

但是，过不了多久，随着婴儿的大脑逐渐发育，他们就会产生自己的想法，知道自己想做什么。也就是说，处于学习怎样有效使用“硬件”功能的时期。这一时期通常出现在孩子 3 岁前后。在这一时期，最为重要的是激发孩子的兴趣，而不是给孩子灌输什么东西。婴幼儿对于自己感兴趣的东西，会如饥似渴地加以吸收、记忆。在吸收和记忆的过程中，能培养孩子的激情与创造能力，这都将为以后开发孩子智力、塑造良好性格、培养做事兴趣等方面起到极大的作用。

在孩子出生后，我们要给孩子读童谣、讲故事，不用管他是否可以听懂。一遍又一遍地反复念给孩子听，慢慢地，孩子就能从头到尾地把故事记下来，如果我们一不小心念错了，孩子还会立刻给你指出来。幼儿虽然还理解不了故事的内涵，但却能将其作为一种模式准确地记忆下来。

慢慢地，孩子会对某个故事产生兴趣，并想自己试着来读一读。虽然幼儿还不认识字母与汉字，但是却能把记忆中的故事与手中的图画联系起来进行想象，顺畅地将整篇故事念出来。在这个时候，他们会不停地缠着大人问：这个字念什么？那个字是什么字？这正是他们对此感兴趣的最好证明。

我有一个朋友的母亲就极佳地把握住了这一时期，教导孩子学习汉字，培养他读书的兴趣。前面曾经提过，幼儿记汉字比记拼音字母更加容易。但是，现在的儿童绘本，基本上都是用拼音字母写成的，因此这位母亲特意跑去旧书店，买来汉字旁边标注拼音字母的旧版绘本，和孩子一起看，并反反复复地念给他听。过了一段时间，孩子就把整个故事都记在了脑子里，不用妈妈帮忙就能把整篇故事自己读下来，如此一来，孩子首先对汉字产生了兴趣。这时，母亲又不厌其烦地教孩子认字。据说这个孩子自从全家人因为他在报纸上发现了自己认识的汉字而感到惊喜，便逐渐对报纸也有了兴趣。听说他在上小学之前，就基本上可以自己读报纸了。

如此看来，3 岁左右的幼儿对于自己感兴趣的事情，即使并不简单，也能毫不费力地记在脑子里。

辞世之心虽不易，岂如辞子愁断肠。

——吉井勇

14. 如果不趁着还小的时候学，有的东西就一辈子也学不通了

出于工作原因，我经常要说英语。每当这时，我的发音和语调都会让自己尴尬。虽然我那带着日语腔的英语，对方也能听懂，但是，对方经常会莫名其妙地反问我，甚至有时候直到我用笔写下来，对方才能明白我的意思。遇到这种情况，我就烦死了我那蹩脚的英语发音。

然而，住在我家附近的一个一岁零两个月大的小男孩，他的英语发音就极为标准，就连日本人很是头疼的“L”和“R”这两个音也能发得很清楚。我想我们之间的差别，可能就在于我是从初中才开始学英语的，而这个孩子却从0岁就开始跟着英语唱片学英语了。并且，他在学说日语的同时，也跟一位认识的美国太太学过英语会话。

也就是说，如果等到母语在头脑中完全扎根之后，再去学习另外一种语言，那真的是难上加难。但是，正如前面所说的，3岁之前，幼儿脑细胞的线路正在逐渐成形，所以，在记忆日语的同时，幼儿也能够不费吹灰之力地记忆其他语言。因此，幼儿可以像学会母语一样毫不费力地学会任何一个国家的语言。一旦错过这个时期，本来轻而易举就能学会的东西，就要付出极大的努力才能学会。即便学会，也是冰山一角。而且，有可能一辈子也掌握不了“L”和“R”的正确发音，讲不出地道的英语。

类似这种必须在幼儿时期掌握的能力，除外语外还有很多，如绝对音感与运动神经等，都是在3岁之前就已经形成。另外，绘画才能等直观能力也是如此，都是在这一时期形成的。

每年，一到暑假，很多外国人都带着自己的孩子慕名而到铃木

老师的小提琴教室来。当然，一开始的时候他们谁都不会讲日语，然而一家人里，最先学会说日语的是幼儿，其次是上小学、初中的哥哥、姐姐，最后才是家长。过了 1 个月之后，孩子们已经可以很流畅地说日语了，家长却无论走到哪里都要让孩子帮忙翻译，甚至有的家长在回国时也只会用日语说一句：“你好！”

母亲的严厉

诺贝尔奖获得者福井谦一先生在《直言教育》一书中提到：我的父母从未强制性地要求过我要好好学习。但是，在我家里却存在着能让孩子自觉去学习的严肃风气，这大多得自于我母亲的生活态度。如果母亲自己沉迷于电视，而强制要求孩子去学习的话，显然是行不通的。

（一九八五年十月）

15. 早期教育甚至能够辅助医治孩子的先天听觉障碍

前面，我从各种角度出发，向大家阐述了幼儿体内蕴藏的巨大的潜在能力，以及发掘这些潜能进行幼儿教育的重要性。但是，世界上有很多孩子从出生起就患有小儿麻痹、唐氏综合征、先天失聪等伴随一生的疾病。对于这些孩子，幼儿教育是否与他们无缘呢？当然不是，我认为，对于他们，幼儿教育同等重要，不，应该说正因为他们先天不足，才更应尽早发现他们的缺陷，对症下药、采取相应的措施，予以治疗。

接下来，我要向大家介绍我最近在报纸上看到的一条特别感人的新闻。有一个先天失聪的孩子，在他父母的努力下，现在已经能够与人自如地对话交流了。我敢说，这个事实本身就是幼儿教育的生动范例。

一个名叫笃人的 6 岁男孩，刚生下来时，并没有明显的生理缺陷，等他长到一岁时，父母发现他的听觉似乎有些异常。但是，他们认为说话说得晚的孩子并不少见，自己的孩子可能也是这样，就没有把这件事太放在心上。结果到了一岁半，笃人还是什么也不会说，父母便带他去医院检查。医院的诊断结果显示，笃人患有先天性的高度重听，几乎什么都听不见。

笃人的父母焦急地四处寻访名医，终于找到了一位专为听觉有障碍的幼儿施行早期教育的专家——松泽豪先生。松泽先生首先对孩子进行听觉能力训练，并加以助听器辅助，让孩子记住自己的名字。然后结合词汇意思，让孩子记忆语言，听说笃人现在基本上可以自如地与父母沟通交流了。

松泽先生写道：“能够最先发现孩子异常的是孩子的母亲。婴儿出生一周后，只要听见较大响声，手脚就会做出反应；1 到 2 个月之后，就能听出母亲的声音；4 个月的时候就能知道别人叫自己的名字。如果孩子将近 1 岁时，不管是叫他的名字，还是发出各种声音，孩子都无动于衷的话，我们就可以判断孩子患有先天性听觉障碍。孩子在 3 岁之前就基本学会了日常用语，只有这一时期最适合有听觉障碍的孩子学习语言，父母绝对不能因为孩子耳朵听不见，就不跟孩子说话、不让孩子听音乐等。即使是全聋的孩子，也并非一点也听不见。如果反反复复地放给孩子听的话，就可以增强孩子的听力。”

所以说，通过父母的努力和教育，就算是有先天听觉障碍的孩子也能充分地发挥才干。这正是幼儿教育的根本。

第二章

一流的环境造就一流的孩子

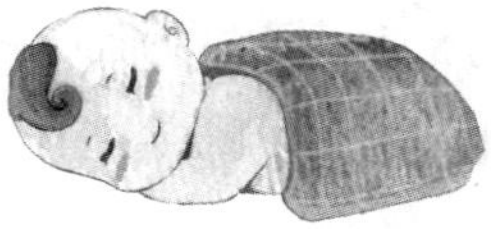

16. 教育和环境比遗传更重要！

在前面，我们就幼儿体内蕴藏着的极大潜力着重进行了说明。潜力这棵小小的幼苗，将来能否长成参天大树、绽放出艳丽的花朵，完全取决于后天的教育方式与教育环境。在下面，我将对幼儿教育中出现的实际问题，一一做具体讲解。首先，我想谈谈那些能够证明对于幼儿的成长来说，教育与环境比遗传更重要的实验。

在以色列，有个叫基布兹的村落因其施行集体主义的共同生活体制而闻名。在这里，一位叫布鲁姆的芝加哥大学的学者，将出生在基布兹的犹太儿童的智商与移民到以色列的非洲儿童的智商进行比较。结果显示，犹太儿童的平均智商为115，而非洲移民儿童的平均智商为85，两者之间的差异显而易见。因此，布鲁姆认为，这种差异是由犹太人与非洲人的种族、血统不同所造成的。也就是说，他认为人的能力在受到环境与教育的影响之前，就有先天的优劣之分。

为了证明布鲁姆的结论是错误的，一位叫福特的学者花费了相当长的时间进行实验。他收留了一对非洲移民夫妇，把他们的孩子一生下来就送去幼儿园，与犹太儿童生活在一起，接受同样的教育。当孩子4岁时，测试他们的智商，测出这个孩子的智商指数（IQ，Intelligence Quotient）与犹太儿童的一样，高达115。

福特的实验结果推翻了原有的“种族不同，能力就有所不同”的结论，结果表明，人的能力不是由种族和血统等先天因素决定的，而是由教育与环境等后天因素所决定的。这一结论，受到了人们的高度评价。

在日本，有很多人将同卵双胞胎放在不同的环境中养育，观察他们的变化。实验结果表明，即使同样遗传了父母的基因，如果是在不同的场所，接触不同的人群，接受不同的教育，那么无论他们的性格，抑或是智力和才能，都会有很大的区别。问题是，什么样的教育与环境才能将幼儿的潜能最大化地发掘出来呢？关于这个问题，有不少父母不满足于学校教育，以自己的孩子为对象，进行大胆的实验。有一些实验不能在孩子身上进行，就用狗或者猴子来代替进行实验，也有很多新发现。接下来，我想尽可能多地介绍一下这方面的情况。

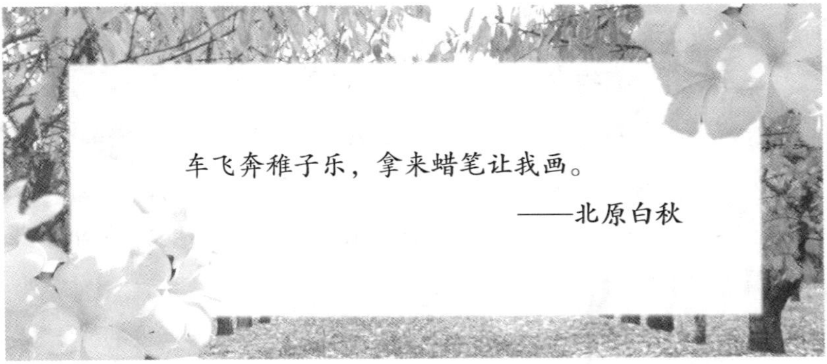

17. 学者的孩子未必就能成为学者

我常听到很多母亲说：“我家的孩子啊，随他爸爸，一点儿也没有学画画或音乐的艺术细胞”或是“孩子他爸是个作家，所以孩子作文也写得好，这都是他爸遗传给他的吗”。俗话说，“有其父必有其子”“龙生龙，凤生凤，老鼠的儿子会打洞”。的确，学者的儿子也做了学者，音乐家的儿子也当上了音乐家的例子很多。

不过，这不是因为遗传，而是环境熏陶的结果。孩子生活在父母所创造的环境里，是环境培养了孩子的能力，激发了孩子的兴趣。

如果说父母的遗传，即血统决定孩子才能的话，那么只会像仍然保留严格等级制度的英国一样，代代子承父业，辈辈世袭下去。

但是，在世界上，学者的孩子成为小提琴家，医生的孩子成为作家的例子也比比皆是。像铃木老师的爱徒、柏林广播交响乐团的首席小提琴手丰田耕儿先生，抑或是美国俄克拉荷马交响乐团的首席小提琴手小林健次先生，他们的父母、亲戚都不是著名的小提琴手。显然，是幼儿时期的成长环境，才造就了今天的他们。

大家如果观察一下周围的情况就会知道，有的父母虽然十分优秀，但是孩子却很一般，这样的孩子被人们称为“不肖子”。但是这些孩子自身并没有什么错，只是幼儿时期恶劣的环境把他们养成了所谓的“不肖子”。

相反，父亲既是酒囊饭袋又游手好闲，孩子却成了出色的科学家、艺术家的例子也数不胜数。这就是所谓的“鸡窝里飞出了金凤凰”。然而，这些非凡的人物并非具有与生俱来的才能，而是良好的环境造就了他们。也就是说，不是乌鸦生出了凤凰，而是乌鸦创造了养育凤凰的环境。

婴儿在刚出生的时候，他们都长着一张满布皱纹的脸，看上去没有什么差别。事实上，此时无论是性格，还是能力，他们也没有什么差别。是后天环境的不同才导致了每个孩子之间能力与性格的差异。

也就是说，父母的职业与能力，对孩子能力的形成与性格的塑造并没有直接的关系。可以说，医生的孩子之所以能成为医生，只是碰巧因为他们生来就在有药味、白大褂和患者的环境下长大的缘故。

① 所谓pattern（模式）——《pattern》

从过去起我就一直在强调：幼儿时期就是 pattern 的时代。所谓 pattern，有模型、花纹、原型等多种多样的含义。但是我想取其另外一种不同的意思。

虽然有些难以描述，但我想说的 pattern 是指：把具有某种含义的事情通过形式表达出来，并不拘泥于其原有含义，只是单纯地把其作为一种模式来处理、记忆的方式。

（一九八五年十一月）

18. 如果人类的婴儿成长于兽群，也会与野兽无异

正如狗崽子是狗，狼崽子是狼，人的孩子也当然是人。但是，随着环境的变化，这种理所当然的事也会有例外。下面我给大家讲一个真实的例子来说明，即有名的狼少女卡玛拉与阿玛拉的故事。

1920年10月，在距印度加尔各答西南110千米的小山村里，传言在狼窝里有两只像人的动物。偶然来这里传教的辛格夫妇，听闻这一传言，便去寻找狼窝，在狼窝里捕捉到两只“动物”。但是，确切地说，这是两个人类的小女孩，年龄大概一个是八岁，一个是一岁半。

辛格夫妇分别给这两个女孩取名为卡玛拉、阿玛拉，将她们送去米德纳普尔孤儿院，让她们接受教育。

夫妻俩对她们倾注了无限的爱与耐心，煞费苦心地设法教导，希望她们能够具备人的特性和能力。但是，因为她们的婴儿时期是在狼群里度过的，所以在开始时并没能改掉狼的习性。在屋里，她们用四肢来回行走，人一旦伸出手，她们就会猛地扑过去。白天不是窝在屋里昏昏欲睡，就是对着墙壁蹲着。一到晚上，她们就开始嚎叫。吃饭也喜欢吃腐肉和活鸡。

尽管如此，过了两个月之后，妹妹阿玛拉终于开始能说出只言片语了。然而，大约一年后，阿玛拉就死了。

三年之后，姐姐卡玛拉终于学会了用双脚行走。但是，在本能的条件反射时，还是改不掉用四肢行走的习惯。就这样，卡玛拉回到人类社会生活了九年，然而，到她17岁死亡的时候，她的智力水平仅相当于一个三岁半的婴儿，只会说45句话，实在是太悲惨了。

类似的故事，在其他地方也有。例如在非洲莫桑比克热带森林

中发生的故事，当地一个居民死了年轻的妻子，又丢失了刚出生的孩子。过了几个月后，有人发现在狒狒群中有一只狒狒正在给一个人类婴儿喂奶。人们几次试着把婴儿弄回来，都以失败告终，后来就放弃了。在后来的 19 年中，这个婴儿茁壮地成长，打败了其他狒狒，当上了狒狒群的首领。后来，他在树上睡觉时，被人们捕捉到，关在了一个门窗都封上了的小屋里，开始对他彻底地进行再教育。后来，他终于学会用手拿着东西吃，用双脚行走了。

19. 在合适的时候学习恰当的内容，一点也不难

如果每天都守在孩子身边，就很难看出孩子有什么明显的成长和变化。但实际上，幼儿的成长速度之快超乎我们的想象。瑞典的一位世界著名的认知心理学家让·皮亚杰教授，通过对自己的3个孩子的观察，创立了独特的儿童成长阶段论。他的理论让人受益匪浅，深感适时地对孩子进行教育和创造良好环境的重要性。

皮亚杰教授通过观察发现，刚出生的婴儿，嘴唇无论碰到什么东西都会反射性地吸吮。而出生20天后的婴儿，对于吸不出奶的东西就会停止吮吸。

出生3个月后，婴儿开始产生自己的行为意识，喜欢用脚蹬踢在摇篮四周挂着的玩偶，让其发出“吧嗒吧嗒”的声音，并乐此不疲。一岁半以后的幼儿，会试着用小棍把放得比较远的面包拉到自己面前。2岁之后，能将语言与语言所表示的抽象概念以自己的方式联系起来考虑，形成独特的逻辑思维，比如：男的就是爸爸，雨是用来清洗道路的，等等。

孩子到了4岁左右，便会进行细微的观察。比如：等量的果汁，倒进大杯子里只能装一半他们会觉得少，倒进小杯子里装得满满的他们会觉得多；同样一块饼干，完整的一块他们觉得少，掰开后他们就会觉得多。

孩子的精神和身体就这样以惊人的速度发育成长着。正因如此，经常和孩子接触的母亲们就必须了解尚无表达能力的婴儿什么时候想要什么、对什么有兴趣，从而给孩子创造适宜成长的环境，进行优质的教育。正如学习外语要把握正确的时机一样，幼儿教育，最重要的一点就是要在正确的时期对孩子进行恰当的教育。

举例来说，想让完全不会走路的幼儿学会轮滑，是再难不过的事了。但是，如果在孩子刚开始学走路时，就一边教他们走路，一边教他们轮滑的话，那么，短短几个月他们就可以滑得十分出色。美国的女性心理学家麦格劳女士，以一对双胞胎兄弟为对象进行了实验。她让其中一个孩子从 11 个月大时开始学轮滑，而让另一个孩子从 22 个月大时开始学起。实验证明两个孩子的轮滑水平的差距十分明显。

任何事情，如果在合适的时期教给孩子，孩子就能毫不费力地全部学会。然而，过去我们却总觉得孩子还太小，教育还为时尚早，会给孩子造成沉重的负担。现在看来，我们的担心完全是多余的。

20. 幼儿更容易近朱者赤，近墨者黑

某个公司的一位年轻职员告诉我这样一件事。他有一个刚出生的女儿，因为公司派他去国外出差一年，就把妻子和刚生下来的女儿送到东北孩子姥姥家里去生活。一年任期结束后，他回到国内，在东京的公寓里和妻女重新生活在一起。那时，小女儿话还说不清楚，又过了不久，当孩子能说上只言片语时，反倒让夫妻俩着急了。

这是因为，孩子说出的每句话都带有明显的东北口音。比如：父亲用普通话教孩子说“汽车”，可不管怎么教，孩子说出来的都改不掉东北口音。于是，这个家里就出现了让人非常不可思议的现象，父母都讲普通话，唯独2岁的女儿自己讲东北方言。

仔细询问之后发现，原来在这位职员出差期间，孩子在姥姥家里备受姥姥、姥爷宠爱，片刻不离她左右，常逗她玩的缘故。

过了几年之后，这个女孩上了小学，但她的东北口音还是没改掉。

这是因为这个孩子在说话之前，就已经在头脑中形成了东北方言的线路、储存了东北口音所造成的。对人而言，想要推翻头脑中已经完全形成了的线路，重新确立新的线路是十分困难的。据说，要改变大脑中已经形成的线路要花费形成线路时所需时间的4倍才有可能做到。

俗话说：“近朱者赤，近墨者黑。”幼儿时期最容易受到环境的影响，正因如此，为孩子创造良好的成长环境，就是这个时期父母最大的责任！

21. 丰富的环境刺激，对婴儿的智力发育大有益处

我想大概天底下所有的母亲都希望把自己的孩子放在一个有着洁白的天花板、洁白的墙壁，能够阻隔一切外来声音的宁静又洁净的环境中养育吧！然而，实际上，像这样完全没有任何刺激的房间，对于婴儿是百害而无一利的。

美国布鲁纳教授的实验结果表明，婴儿的智力发育会因是否有刺激，而出现明显的差别。

布鲁纳教授将婴儿分为两组。将其中一组婴儿放入前面讲的那种排除了一切外来刺激的房间里，而将另外一组婴儿放进能接受外界刺激的房间里。房间内能隔着玻璃看到外面正在工作的医生和护士们的身影，而且天花板也好，墙壁也好，被褥也好，都是五颜六色的，并有好看的图案装饰。不仅如此，还有音乐在一直不停地播放。

这两组婴儿在各自的房间里生活了几个月之后，布鲁纳教授对他们的智力水平进行了测试。他拿着一个发光的物体在婴儿眼前来回晃动，观察婴儿何时产生触摸这个物体的念头，以此来测试他们的智力发育水平。测试结果显示，两组婴儿的智力水平有着3个月的明显的差距：在没有任何刺激的房间里成长的婴儿的智力，要比在有刺激的房间内成长的婴儿的智力落后3个月。

孩子0岁到3岁之间的智力发育速度相当于从4岁到17岁之间的发育速度。正因如此，在幼儿时期落后3个月，对孩子的影响是非同小可的。有学者主张，这种落后能通过后期教育来弥补。但是，这样做势必会给幼小的孩子造成极大的负担。

现在，除了布鲁纳教授以外，还有很多心理学家都在做类似的实验。婴儿的智力发育会因刺激的有无而出现明显的差别，这一点

已经确定无疑。最近，研究不断深入，现阶段最重要的课题是，哪种刺激能够有效地促进幼儿的智力发育。他们使用摇篮、色彩明亮的小球、发光的珠子、色彩缤纷的纸片等各种道具，做了各种各样的实验。据说，带有八音盒的风车以及有花色图案的窗帘最能有效地促进幼儿的智力发育。哈佛大学教授、心理学家怀特断言：“显然丰富环境的刺激，对于婴儿早期的成长发育是十分有利的！”

② 作为pattern（模式）的汉字——《pattern》

我所喜爱的，并具有代表性的pattern就是汉字。虽然数以万计的汉字它们各自具有不同的含义，但我从不深究每个汉字的含义，只是单纯地将其作为一种形状加以记忆。我想把这种方式称作pattern，即识别记忆能力。

不论是数学公式也好、化学方程式也好，也是同样的道理。

孩子虽然尚且无法理解汉字的含义，但如果将汉字作为一种形状加以记忆的话便能轻而易举地记在脑中。

（一九八五年十二月）

22. 毫不在意的事情，也会带来意想不到的影响

约翰·卡尔·弗里德里希·高斯，大家可能对这个名字不太熟悉，他被誉为19世纪数学界的泰斗。据说在他年仅8岁时，就发现了等差数列的求和公式。

我之所以会提到高斯，是因为最近我读的一本书中对他的介绍很有意思。

高斯的父亲并不是什么著名的学者，只是一个普普通通的泥瓦匠。所谓的泥瓦匠，就是为人家粉刷墙壁和院墙、砌炉子的人。高斯的父亲经常把高斯带去工作的地方，父亲工作的时候，高斯就蹲在父亲一旁，将砖瓦的数量计算好之后递给父亲。高斯的数学才能毫无疑问就是从这个时候培养起来的。这就是我读的那本书的结论。

我觉得这种解释也有一定的道理。之所以这么说，是因为在此之前，我从本田技研科技有限公司的创始人本田宗一郎先生（已故）那里听说了类似的事情。我曾问他："你是因为什么喜欢上摩托车的？"他思考了一会儿，回答我说："在过去，没有电动马达这种东西。所以，碾米都是用石油发动机。小时候，我家附近有个碾米厂。我对那里轰隆作响的发动机的声音很感兴趣，便常常缠着爷爷带我去看。要是爷爷不带我去，我就不高兴，在外面号啕大哭，爷爷没有办法，只好每天都带我去看。发动机的轰隆声对我来说，就像摇篮曲一样亲切，石油发动机散发的气味我也觉得好闻。我想这也许就是我为什么会喜欢摩托车的原因吧。"

听到这些，我觉得确实是这样。婴幼儿时期孩子的大脑就像是高度灵敏的信息接收器。家长毫不在意、认为微不足道的信息，婴

儿却会敏感地吸收，并加以提高，将其转化为出类拔萃的才能及能力。从这个意义上来看，可以说，是爷爷不经意的行为培养出了本田先生这位世界首屈一指的摩托车大王。

美肴无味，好景无趣，魂牵梦萦却为谁
是吾子，是吾子。

——和泉式部

23. 幼儿从绘本、故事中领会的东西和大人可能完全不同

幼儿和大人对事物的感受、理解是不同的。在大人带着孩子读绘本时，能明显地感受到这一点。意大利幼儿教育理论家、实践家蒙台梭利女士做过很多报告，讲述她详细观察幼儿行为的研究情况。其中有这样一个例子。

一位母亲给自己一岁半左右的儿子买了画有各种动物和狩猎场景的彩色卡片，这个孩子一边给蒙台梭利看卡片，一边不停地说出“汽车”这个词。然而，蒙台梭利发现，孩子给她看的那些卡片中都没有画有汽车的图案，于是，她便很奇怪地问这个孩子：“怎么没有汽车呀？”孩子一脸得意地指着一张卡片说：“在这儿呢！”蒙台梭利仔细一看，这是一张画有小狗、猎人和房子的卡片。上面有一条像马路一样的蜿蜒的曲线，线上有一个小点。孩子指着这个小点说：“这就是汽车！”确实，经孩子这么一说，蒙台梭利也看出这个小点就是辆汽车。这样的画法，反而让孩子觉得很有意思。

蒙台梭利女士又举了另外一个类似的例子，这也是一个一岁半男孩的例子。这个男孩的母亲给了他一本儿童绘本，书名叫作《桑布》。一天，母亲跟两三个阿姨说起了这个故事的内容。

“有一个叫作桑布的黑人小男孩，在他生日这天收到了好多好多的礼物。在回家的路上，他遇到了一只凶猛的野兽，野兽袭击了他并抢走了他所有的礼物。桑布哭着跑回了家，经过父母的一番安慰，他终于不哭了，重新展开了笑颜，坐在装饰得很漂亮的餐桌前开始吃饭。”母亲话音刚落，这个一岁半的小男孩突然说：“不对，桑布最后还在哭！”说着，便拿出绘本指给她们看。他指着的是封底插图，上面的确画着哭泣的桑布。

我之前在读小说家曾野绫子的短篇小说时也看到过类似的故事。一个小孩跟着父母搬到北欧父亲工作的地方居住，他没有朋友，整日形单影只，一个人拿着绘本《咯吱咯吱山》看。但是，过了不久，孩子却无缘无故地疯掉了。后来才知道，他看的绘本的最后几页缺了页，故事没有以正常的形式结尾，使孩子的大脑受到了刺激。

这样的事情对大人来说并没有什么，但是，由于幼儿毫无任何先入为主的观念，将外来的东西全盘接收，所以才会产生大人难以预料的特殊反应。

24. 千万不能把婴儿随便托给别人照顾

我听说过这样一个故事。有一对夫妇都是性格开朗、坦率，受人欢迎的人。他们有两个儿子，年纪只相差一岁，但不知出于什么原因，兄弟两个性格差异很大。5 岁的哥哥性格阴暗、乖僻怕生；而弟弟却天真活泼、性格开朗，在幼儿园里很受大家欢迎。家长思来想去，还是没有搞明白为什么只有哥哥会养成这种性格。

最后，他们没有办法，只好去向医生请教，但是医生也搞不清楚原因在哪里。不过，在谈话中医生了解到，在弟弟刚出生时，由于母亲的产后恢复状况不是很好，照顾不了孩子，就把当时年仅 1 岁的哥哥托给保姆照顾了半年。

医生断定问题就出在这半年里，就找来当时的保姆了解情况。一开始，那个保姆似乎难以启齿，后来，才吞吞吐吐地说了一些情况。

原来，她当时根本不是带着孩子去散步，而是带着孩子到后院的旧仓库里和恋人见面约会，几乎天天如此。这个可怜的年仅 1 岁的婴儿，每天都会被孤零零地丢在仓库昏暗的角落里滚爬两个小时，看着这对恋人约会。

这种行为，怎么可能会对孩子的性格塑造没有影响呢？黑暗的仓库取代了温暖明媚的阳光，潮湿酸臭的空气取代了干净清新的空气，势必给婴儿幼小的心灵留下阴影。

当然，1 岁左右的婴儿不懂保姆和她恋人的行为是什么意思。但是，我们不难想象，在被孤零零地扔在角落里不管不问的情况下，保姆那心虚的态度，以及黑暗中传来的声音，会让婴儿感到多么的不安和恐惧，养成现在这种胆小乖僻的性格也不足为奇。

了解了原因，这对夫妇痛哭流涕，对把孩子托给别人照顾后悔不已。连生两个孩子，母亲的身体吃不消，照顾不过来两个孩子，这一点固然值得同情，但是他们却没有考虑到孩子脆弱敏感的心灵。

由于种种原因，不得不把孩子托给别人照顾时，做父母的也要时常留意自己的孩子到底被放在一种什么样的环境中养育。

③ 从模式到精神——《pattern（模式）》

在这里，我想把前两回叙述过的 pattern 进一步展开，从更广阔、更抽象的角度进行描述。譬如，无论道德也好，信仰也好，凡是能用形式来表达的事情，我都想称之为各种各样的 pattern。在我看来，双手合十对着佛龛叩拜，也是一种把信仰 pattern 化（模式化）了的行为。

家长所要做的，不是向孩子解释说明这些事情所具有的高深含义，而是把这些事情通过某种模式展示出来，让孩子亲身实践，孩子在此过程中自然而然地就能领悟到其中的含义。

（一九八六年一月）

25. 幼儿时期的体验是以后的思考和行事的基础

提起幼儿时期的事情，除非有相当深刻的印象，否则实在很难回想起来。就算说记得自己 1 ~ 2 岁时的事情，其实也未必就是自己所记得的经历，多数都是从母亲或是周围人那里听到的。

但是，并不是说没有记住就是全忘了。正如我前面所说的，幼儿从 0 岁到 3 岁左右的经历或环境的一切，都会以某种形式存留在大脑中，为孩子的成长发育打下基础。

如果向进入催眠状态的人暗示说，你现在是 1 岁，他就会说出 1 岁时候说过的话，或做出 1 岁时候的行为来。这表明，我们虽然无法把幼儿时期的经历全部回想起来，但幼儿时期的经历确实仍然储存在我们的脑海中。

据说，当人生命垂危时，也会突然想起婴幼儿时期的事。日本前首相田中角荣曾在战争中负过重伤，在生命垂危时，躺在病床上，幼儿时期的经历像走马灯一般在他脑海中浮现：母亲带着他去寺院参拜，寺院门外站着一个僧人，僧人的样貌、穿着、话语……后来，他向母亲问起了这件事。据母亲说，这都是他 2 岁时真实经历过的事情。

日本日兴征信中心的原总经理凑守笃先生出生在中国，也在中国度过了幼儿时期，但是与汉语无缘，回国后再也没有说过汉语。但是，过了几十年后，他因为生意上的关系到中国出差，一次，不得不用汉语跟别人交谈时，他竟然脱口而出说了汉语，而且流畅程度让中国人听了也要大吃一惊。后来他的生意也做得很顺利。

这些例子告诉我们，幼儿时期的经历、环境等会牢牢地刻印在我们的大脑中。因此，可以说，3 岁以前的经历与环境，是我们今天的思维与行动的基础。

假如这一基础不够牢固，你就休想在这上面建造雄伟气派的建筑物。纵然建造起来，那也不过是沙堆上的楼房，经不起台风或地震的考验。

幼儿教育的目的就是要打好这一基础。今天在幼儿时期不把这个基础打好，错过时机以后再想打坚实的基础，那是不可能的。

④ 母亲的一切是……——“pattern（模式）”

肉眼可见的 pattern，用双耳倾听的 pattern……不论是气味还是味道，因为存在着某种 pattern，所以婴儿能够把母亲所给予的一切都记住。但我想，婴儿并不是把事物分开记忆的，而是把所有的一切全部归结为母爱，继而将母爱作为一种模式来识别记忆的。

我想我们也可以把人心看作一种由诸多事物（包括无形之物）组合而成的 pattern。

（一九八六年二月）

第三章

母亲的怀抱是婴儿最好的教室

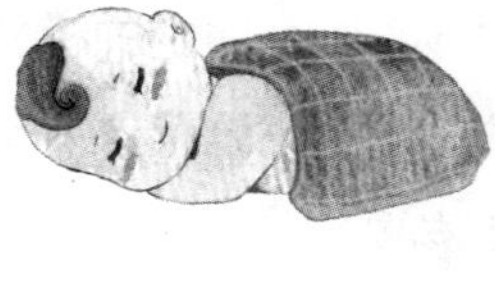

26. 幼儿教育没有固定的模式

在前面，我从各个角度出发，叙述了环境对幼儿发育成长的重要性以及会对孩子的性格养成产生多么大的影响。当然，肩负着教育孩子重任的是母亲，正因如此，我们希望母亲在教育孩子的过程中，能够充分发挥自己的主体性，根据孩子的不同成长情况进行恰当的教育。接下来介绍一些具体的方法，供大家参考借鉴。

我曾说过，在孩子的幼儿时期，要给孩子听优美的音乐，看优秀的画作，所以，就有一些母亲问我哪些算优美的音乐，哪些算真正的画作？也有一些母亲问，是贝多芬的音乐好还是莫扎特的音乐好？是凡·高的画好还是毕加索的画好？当然，我们也请教了许多专家，请他们来帮忙研究什么是适合于幼儿的好音乐、好画作，并给我们推荐。当然这只能给我们一个参考，并不一定就是最好的方法。日本人无论做什么事，都想找一个现成的、固定的模式和方法，如果不告诉他必须如何去做，他就会感到不安，害怕出错。然而教育特别是幼儿教育，是没有固定的模式的。只要母亲自己认为好的，就可以放心大胆地教给孩子。

我认为，在教育中，寻求一个固定的模式暴露了日本教育的一大缺陷。日本教育无视孩子的能力，仅以年龄为判断标准做出一些死规定。比如：孩子到 4 岁要上幼儿园，6 岁要上小学。幼儿园孩子画画、数数，一年级教孩子假名，二年级教孩子汉字……这些观点都是拘泥于一个固定模式的结果。在幼儿教育的方法上也存在同样的问题，如果没有一个固定的模式，家长就无法安心地对孩子进行教育。在我看来，只有打破固定的模式，才能真正搞好幼儿教育。

27. 多点拥抱多点爱

世上所有的家长一定都有过这样的经历：在孩子哭闹不休时，只要把他抱起来，他就会马上破涕为笑。但是，很久以来，人们就不断地指责这一做法，说这样会养成孩子“抱癖”的坏毛病。他们认为，如果孩子一哭，就把他抱起来，久而久之，孩子就会养成坏习惯，如果不抱他，就会一直哭个不停。

真的是这样吗？如果这种说法只是告诫人们不要过于溺爱、娇惯孩子的话，我也能够接受。但是，如果真要提醒人们尽可能地少抱孩子的话，那我就坚决反对了。

婴儿尚未学会用语言或肢体动作来表达自己的想法，哭就是他唯一的自我表达方式。只要孩子哭，就一定是想要表达些什么。如果对于孩子的这种呼唤不理不睬的话，那么，婴儿想要与他人交流感情的愿望就会遭到单方面的拒绝。

特别是对于刚生下来的婴儿来说，与母亲的肌肤接触具有重要的意义。让婴儿不断接触母亲，通过爱抚向他传递母爱的做法对于孩子的智力和性格的塑造来说，尤为重要，这一点已成为常识。

威斯康星大学灵长类研究所所长哈里·哈洛博士以猴子为对象进行了实验，实验结果很有意思。他把刚出生的小猴子与母猴分离，由人工喂养，来观察小猴子喜欢什么样的母亲。哈洛博士制作了两个“代理妈妈”，一个由圆筒形铁丝制成，另一个用类似真母猴肤质的软布制成。并为这两个“代理妈妈”安装各种装置，使它们身上能够发热、喂奶、轻轻晃动。他让小猴子去接触这两个“代理妈妈”。实验结果显示，小猴子最喜欢的是温暖、柔软、能喂奶以及能轻轻晃动的“代理妈妈”。哈洛博士认为，人类婴儿也一定喜欢温暖、柔软的母亲怀抱，并强调指出，母亲温暖的怀抱，对于婴儿的身心发育是十分重要的。

我之所以提出“应该养成抱孩子的习惯”，也许有些偏激，事实上是希望人们能够充分地认识到母亲与婴儿之间的这种交流的重要性。著名的野孩阿伟龙，别人只要和他握手就能让他获得极大的安全感，这一例子也告诉了我们亲肤交流的重要性。我们只有把握好这些细微的方方面面才能培育出感情丰富的孩子。

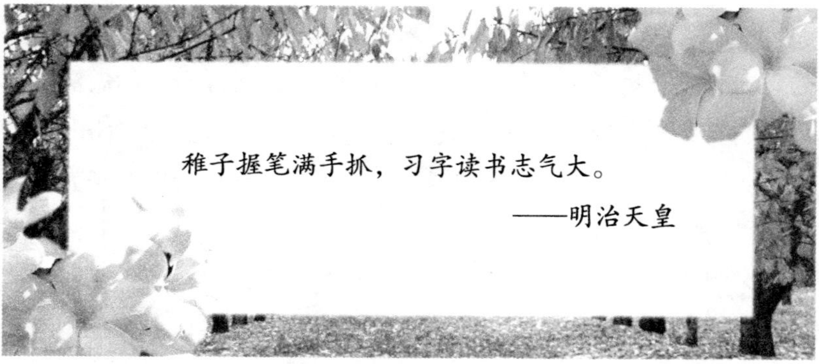

28. 父母陪孩子睡觉好处多

同上一节说的抱孩子的习惯一样，很久以来，陪孩子睡觉也被当成是一件不好的事。当然，如果孩子养成了习惯，家长不陪着一起睡就睡不着的话，也会让人头疼。但是，这种极端的例子并不多见。我认为，从发掘幼儿才能、培养健全性格等角度来看，陪孩子睡觉反倒会有新的意义。

这是因为，母亲一天到晚忙里忙外，没有时间与孩子慢慢地沟通交流。如果能陪着孩子睡觉的话，至少可以在孩子上床后到睡着的这一段时间里，与其沟通交流。而且，在孩子入睡前的这段时间里，神经处于一种稳定状态之中，精神放松，更容易接受外界信息。这时，如果母亲不单纯只是陪着孩子睡觉，更不是自己先呼呼大睡，而是给孩子哼哼歌，讲讲故事，或同他们说会儿话，念书给他们听，那么，对孩子的积极影响将是不可估量的。

另外，对于白天上班不在家的父亲来说，晚上更是一个与孩子交流感情的绝好机会。

据说，原东京大学校长茅诚司老师（已故）晚上睡觉时也常常会躺在孩子身边为其读书。有好几次，他觉得很困了，似乎孩子也已经睡着，就不再往下读了，但他刚一停下，孩子就问："怎么不继续讲了？"显然，孩子还在听着。因此，在他看来，睡前给孩子讲故事的做法是很好的。

苏联学者也曾认真研究过睡眠学习法。睡眠学习法是指，在孩子完全入睡前的浅眠状态下，向他传递各种各样的信息，能使孩子无意识地记住这些信息。因此，从这个理论来看，有效利用幼儿入睡前的这一段时间，可能会获得意想不到的效果。

29. 孩子的五音不全是由五音不全的父母培养出来的

我常常听到一些孩子的母亲感叹：“我家的孩子五音不全，真不知该怎么办好，他父亲那边亲戚们也全是音痴，看来这都是遗传的啊。”的确，很多五音不全的家长培养出来的孩子也都五音不全。但是，五音不全绝对不是遗传造成的。

试想，如果你作为一位母亲自己五音不全的话，你的孩子从早到晚都听你唱跑调的歌曲，那你的孩子最终会变成什么样呢？很明显，孩子的大脑会把你那古怪的音调作为一种模式记录下来，这样，孩子唱歌的时候也自然而然地会像母亲一样跑调。母亲就会想“我的孩子也五音不全，这是遗传造成的”，事实上这种想法是不切实际的。

要我说的话，越是五音不全的孩子耳朵就越灵敏。这么说是因为他们能把父母那不准的音调完全原样接收。因此，就不难想象，如果贝多芬、莫扎特是由五音不全的父母抚养长大的话，他们也一定会成为五音不全的人。

我再举一个五音不全的孩子完全纠正了这个毛病的例子，来证明五音不全并不是遗传所决定的。铃木镇一老师曾收留了一个住在松本市的五音不全的 6 岁儿童，不断地训练他，使他彻底地纠正了五音不全的毛病。

毫不例外，那个孩子的母亲也是一个严重五音不全的人。铃木老师说：“这个孩子的五音不全是由五音不全的父母培养出来的。”因此，铃木老师就把孩子母亲用不准的音调给孩子唱过的歌曲，用正确的音调反反复复地唱给孩子听。而且，反复的次数达到他听母亲唱歌次数的 4 倍以上，约有数千次。于是，在这样的反复过程中，消除了孩子头脑中原来形成的错误的音调，在大脑中形成了正确的音调模式。从此，孩子的五音不全的毛病就得到了完全的纠正。

不仅如此，这个孩子后来还能正确弹奏勃拉姆斯及贝多芬的小提琴协奏曲，现在甚至能够在加拿大举办个人演奏会了。

由此可知，孩子乐感、性格的形成、智力的发育，与母亲日常生活中的一言一行的影响是分不开的。母亲平常不注意的一个动作或想法都可能会给孩子带来不可估量的影响。

30. 对婴儿“喃喃学语”要有声必应

在美国过去的一本畅销书《幼儿教育革命》中，作者向我们介绍的幼儿教育法如下所示。

让受过特别训练的家庭教师直接进入各个儿童教育机构及各个家庭中，对孩子进行辅导。这种方法在美国首都华盛顿还处于试行阶段。现在，已有人将这种特别家庭教师送到贫困的黑人居住区去，对 30 名 15 个月大的婴儿走访并进行辅导。每周除了星期天以外，特别家庭教师都要花上 1 小时与这些婴儿待在一起，与婴儿做游戏、说说话。心理学博士阿尔·谢伊法博士解释说，这是一种以培养语言能力为主，开发婴儿智力的教育方法。

《幼儿教育革命》的作者还做了另外一个实验，在实验中，他让 9 个年轻的女性走访了家里有 14 个月大婴儿的家庭，对他们进行了同样的指导。等到婴儿 27 个月大的时候，对其进行智力水平检测，结果显示，这些接受过辅导的婴儿的智商指数与一般婴儿相比高出 10 ~ 15，语言表达能力更为突出。

上面谈到的这种教育方法，是为了帮助那些贫困家庭里不得不外出工作的母亲进行幼儿教育而采取的措施，不过，既然连这种家庭的幼儿教育都取得了惊人的成果，那么，在一般的家庭，只要母亲注意培养教育，一定能取得卓越的成果。

婴儿到了 2 ~ 3 个月时就会笑，会发出“咿咿呀呀”的声音，开始记忆周围所存在的所有物体及发生的一切事情。母亲的一点点动作和语言，婴儿都会不知不觉地记在脑子里。因此，在这一时期，母亲是否与婴儿对话交流，将直接影响到婴儿的智力发育。

有这样一件事，说一对年轻夫妻在公寓里居住时生下了他们的长子，由于房间狭小，只有一个房间，所以母亲无论在做什么事情，都能第一时间听到婴儿的声音，闲时这位母亲常与婴儿说话。后来，一家人搬进了三室一厅的住宅。由于房间还有空余，他们决定再生一个孩子，这次生的是个女孩，而且让这个女孩住在远离厨房的一间安静的房间里。

结果，哥哥在七八个月大时就会说话了，妹妹十个多月后还几乎不会说话。而且，哥哥十分活泼可爱，而妹妹却沉默寡言。因此，母亲是否积极地与孩子沟通交流，对孩子的性格的影响是十分巨大的。

31. 儿语对话没必要

有一次，我在饭店里吃饭时，突然，听到隔壁桌有人说了一句广告词。因为这句话出自西式焖菜的广告，我便好奇地转过头看去，结果，发现竟然是一个2岁左右的小男孩说的。这个孩子当时正在和他的父母一起吃饭，而他的面前正摆着一份焖菜。我觉得有些不可思议，就去询问孩子的母亲。这位母亲向我解释说，因为这个孩子曾在电视上看到过这个焖菜的广告，记住了广告词，所以焖菜端上来之后，孩子马上想起了这个广告，就用在这里了。

我们大人看过电视上的广告之后，过不了多久就会忘得一干二净。而幼儿就不一样了，他们连很长的广告词都能记得非常准确，甚至就连广告的语音语调，他们都能模仿得惟妙惟肖。

我们对0～3岁的婴幼儿讲话时，往往会特意使用所谓的儿语，例如，把老师说成“老西”，把水说成“水水”等等，生怕婴儿听不懂我们说的话。其实并没有这个必要，电视和广播中的节目就不会特意使用儿语，但是，只要节目的内容不是特别复杂，2岁左右的孩子就基本都能听懂。

的确，幼儿在刚开始学说话的时候，只能断断续续地说出一些只言片语。这恐怕是因为此时婴儿的发音功能尚未发育完全，想说也说不出来的缘故。而大人们就认为婴儿只能听懂儿语，就一直用儿语与婴儿对话，这样孩子就很难掌握规范的语言。

进一步说，婴幼儿之所以能够掌握规范的语言，并不完全是在父母与自己讲话的过程中掌握的，而是经常听父母之间以及父母与周围人们交谈的结果。如果这一假说成立，则意味着婴幼儿的接受能力很强，那么，几个月之后，即使不用儿语对婴幼儿讲话，婴幼儿也应该能理解一些规范的语言。否则，如果一直用儿语对婴幼儿讲话，等到婴幼儿上幼儿园之后再去纠正他们说儿语的毛病，会大大增加他们的负担，不利于孩子的成长发育。

听说在法国，母亲会在女儿出嫁时对女婿说："我女儿虽然没有什么值钱的嫁妆，但她能讲一口标准的法语。"因此，为了能使孩子讲一口标准流利的普通话，有必要从小抓起，从婴幼儿时期起就用普通话与其交流。

32. 对孩子放任不管不问比娇惯溺爱更糟糕

在美国，有人指出：黑人问题这一社会问题的产生，不仅是因为种族歧视，学前教育也是造成这一问题的原因之一。很多心理学家曾调查过以纽约著名的黑人居住区哈莱姆区为主的许多黑人居住区的幼儿的性格及智力的发育状况。调查结果表明，受环境的影响，白人孩子与黑人孩子智力、性格方面的差异从幼儿时期就产生了。而孩子上学之后，这种差异变得更加明显，以至于黑人与白人之间形成了难以打破的种族隔阂。

在大部分黑人家庭中，为了维持生计，父母不得不外出工作。婴儿从出生之后就被放在家里无人看管，任其自由成长。而与此相比，白人孩子一生下来就被当作珍宝，百般呵护。正是这种抚养方式的不同才造成了黑人与白人之间难以弥补的差距。

上面，我们举了黑人与白人这样一个十分典型的例子，实际上，在我们的家庭中，也存在着类似的情况，在孩子们之间也有着这样或那样的差距。孩子的头脑有聪明和愚钝之分、性格有随和与乖僻之分，可以说这些差距与家庭经济条件的好坏无关，都是幼儿教育方式的不同所导致的。某项统计结果显示，对于婴幼儿越是放任不管，孩子的性格就越不稳定、急躁粗暴。而且，孩子越得不到父母的关爱，想要引起大人关注的愿望就越强（杂志《现代精神》第 43 期）。在这里，我们所批评的放任态度是指，喂奶时间没有规律，孩子什么时候想吃，就什么时候喂；随便给孩子一个玩具，完全不考虑是否适合孩子去玩；不勤给孩子换内衣等，也就是父母在育儿方法问题上的放任。

但是，如果对孩子过分溺爱，则孩子会变得神经质，养成胆小懦弱的毛病。总的来说，被父母娇生惯养的孩子反而比被父母忽视的孩子适应社会的能力更强一些，且从精神方面来看，情绪也更加稳定。

在现代社会中，家庭主妇也是具有独立人格的社会成员。因此，许多妇女除了做家务、养育孩子之外，还要进入社会工作。结果，在许多家庭中就会出现这样的现象：孩子脖子上挂着钥匙，在家看家，有时丈夫会在厨房里忙得团团转。当然，我并不反对父母都出去工作，只是希望父母们能充分意识到，如果在教育孩子的问题上采取放任态度，不仅会影响到孩子能力的形成，而且会给孩子性格的塑造带来极为恶劣的影响。

33. 孩子的恐惧和烦恼，常常源自大人意想不到的事情

提到幼儿时期，我们总会认为那是人生中最最幸福，没有任何烦恼、恐惧的时期。但是，实际上，即便是在幼儿时期，人们也并非总是感到幸福、无忧无虑的。正如60岁老人有60岁老人的烦恼一样，一两岁的婴幼儿也有他们自己恐惧和烦恼的事情。

为什么孩子心中也会产生不安和恐惧的情绪呢？究其原因，我认为是父母的疏忽大意造成的。原京都大学花山天文台台长宫本正太郎先生曾在幼儿开发协会发行的杂志上分享了他幼时的经历。

他在杂志上写道：我父亲年轻时似乎特别喜欢表演谣曲（日本传统舞台艺术——能乐表演的一种），常常把伙伴们叫到家里来一起练习。而母亲则在一旁一会儿端茶，一会儿拿点心，忙里忙外。我一个人躺在屋里，每每听到那沉闷压抑的曲调，不知为什么总觉得害怕，常常哭泣。而母亲考虑到有客人，就会回到房间里哄我入睡。即便到了现在，那和尚念经似的压抑曲调也只会让我感到害怕，而完全不能让我感到心灵上的安宁。（《幼儿开发》1971年4月刊）

恐怕宫本先生的父母做梦也没有想到，父亲的爱好竟然会给宫本心里留下一辈子难以磨灭的恐惧心理吧。在杂志上宫本还讲到，睡觉前奶奶给他讲的“百变狸猫”及“一休和尚”的故事和父亲播放的《卡门》及《月光》等曲子都给他留下了美好的印象。

同样是幼儿时期的体验，为什么睡前故事和《卡门》等曲子都没有使宫本先生感到害怕，唯独父亲表演的谣曲一直让他感到恐惧呢？从中，我们可以得到一个幼儿教育方面的深刻教训：让宫本先生感到恐惧的，并不是古典歌舞剧，而是父母忙着接待客人，无暇顾及房间里的孩子，让他孤单一人待在黑暗寂静的房间里的情景。

当然，我举出这个例子，并不急于从中得出应该怎样做之类的结论，只是想告诫各位家长，大人们不以为然的事情，可能会给孩子幼小的心灵留下不可磨灭的创伤。

时机

今天我想谈谈我之所以大力倡导和呼吁早期教育的理由。

其一，与临界期这一问题有关。所谓临界期，就是指在此之前，轻轻松松地就能记住某件事，而一旦过了这个时期，要花费很大力气才能把这件事情记住，就是这样一种类似边界线的东西。

很多事情都有各自的最佳时机。

（一九八六年四月）

34. 刚出生的婴儿也会因父母吵架而不安

看一下孩子的长相就能知道孩子父母的关系是否融洽，父母感情不和的孩子神情会显得忧郁。大家一定认为，刚出生不久的婴儿肯定不明白父母之间的微妙关系吧。事实上，婴儿能敏感地接受自己周围的所有信息，感受周围发生的微妙变化。如果在婴儿身边每天都上演着夫妻吵架的戏码，会给孩子带来什么影响呢？

当然，孩子不明白父母为什么吵架，吵架的内容是什么。但是，孩子却能从中真切地感受到两人互相憎恶、仇恨。因此，这样的孩子，当然会神情忧郁。虽然眼睛的大小、鼻梁的高低等特征是遗传决定的，但幼儿的神情却是后天形成的，是家庭生活情况的真实写照。曾有过这样一件事，一位年轻的母亲抱着孩子向专家咨询离婚的问题，让人吃惊的是，怀里孩子的表情与母亲的表情几乎一模一样，都是一脸悲伤。

可想而知，如果一个婴儿的父母经常吵架，相互憎恶对方，孩子也会跟着产生憎恨与仇视心理，那么，等到孩子长大会变成什么样子？！

调查一下那些不良少年的情况就可以发现，他们之中的大部分都是在不幸的家庭环境中度过了人生中最重要的婴幼儿时期。

可以说，婴幼儿时期的体验是未来的心理活动和行为动机的基础。

铃木镇一先生曾在一次演讲中这样说道：“今天，请大家回家之后，好好地看看孩子的表情。在孩子的脸上，你们一定会看到自己的生活经历。”这句话至今还深深地烙印在我的脑海中，记忆犹新。

进行幼儿教育，并不一定要做一些与众不同的事情。对于幼儿来说，父母感情融洽、家庭和谐温暖就是最好的幼儿教育。

35. 母亲的弱点会“传染”给孩子

“孩子的性格随他父亲一样阴暗；孩子像他父亲一样做什么都毛手毛脚”，像这样，母亲大都会说孩子的优点都随自己，而缺点都随父亲。不过，我相信，读到这里，各位母亲们已经能充分认识到，无论是优点还是缺点，都是孩子出生后经母亲教育的结果。

一提到幼儿教育，人们往往容易产生误解，认为幼儿教育就是开发那些用数字可以衡量的能力，如智商、记忆汉字的数量，等等。但是请千万不要忽视开发那些无法用数字衡量的能力，如对事物的判断能力、价值观和感受能力等，这些能力的开发对孩子更有意义。而开发孩子的这些能力没有必要特意进行教育，母亲每天的行为、情感等对孩子来说就是最好的教育。前面已经提过，如果五音不全的母亲每天给孩子唱歌，那么，孩子也会变成音痴。同样，性格忧郁的母亲培养出的孩子性格也会不开朗；毛手毛脚的母亲培养出的孩子也会做事冒冒失失。当母亲知道自己五音不全时，可以通过其他方法补救，如自己不唱歌给孩子听，让孩子听好的音乐唱片。

但是，如果是关于性格、情感、感觉方面的问题，母亲就常常很难发现自己的问题，即使自己注意到了，也不是立即就能改正的。正因为如此，作为母亲要多加注意别把自己的缺点传给孩子。

一般来说，如果母亲感冒了，就会害怕传染给孩子。而为了不传染给孩子，母亲会想方设法地做出很多努力，如戴口罩、勤漱口等。但是出人意料的是，为了不把自己的缺点传给孩子而努力的母亲却很少见。其实，比起感冒病毒，母亲的缺点更容易“传染”给孩子。比如说，“爱操心”的母亲具有“爱操心”这个毛病很容易传染给孩子。因此，我希望各位母亲能在这方面作出努力。

36. 父亲与子女间的沟通很重要

也许是平时的交流太少的缘故吧，孩子长大以后总会记得与父亲一起度过的美好时光。我的大儿子也是如此，他至今还十分清楚地记着十几年前和我一起乘快艇出海、散步回来的路上给他买刨冰的事情，而我却基本上忘得一干二净了。

在家庭中，父亲一般扮演“红脸”的角色。如果父亲和孩子在一起时总是对孩子发火、训斥孩子，那么孩子必然会产生抗拒心理，敌视父亲。总的来说，情绪不稳定的孩子，一般对自己的父亲都没有好感。我们并不否认父亲严格的教育可造就天才或英雄，但是，从很多伟人传记中不难发现，他们大多都有性格上的缺陷。

相反，也有很多父亲每天游手好闲，嗜酒成性，打骂妻子，对孩子的教育也不管不问。在这种父亲身边长大的孩子大多都性格乖僻，有不少走上了违法犯罪的道路。

虽然我主张应该主要由母亲负责教育孩子，但是这也不意味着父亲就能把教育孩子的责任完全推给孩子的母亲。父亲应该在家庭教育中成为母亲的得力助手，想要营造和谐融洽的家庭氛围，仅靠母亲一人的力量是很难做到的。

前几天，我乘坐电车时，遇到了一对夫妻带着一个 3 岁左右的小女孩，他们似乎要去哪里郊游。那个 3 岁左右的小女孩正在兴致勃勃地与父亲一问一答地说话。无意当中，我听到小女孩问：“爸爸，你知道 10 块口香糖加起来会变成什么吗？”父亲笑着回答道：“知道，10 块口香糖加起来就是关岛，你想和爸爸一起去那里玩吗？”（日语中“10 块口香糖”的发音与“关岛”的发音相近）孩子母亲坐在一旁若无其事地翻看着一本周刊类杂志，尽量不去妨碍父亲和女儿的谈话。我想，在这样的家庭中成长，这个小女孩将来一定能成长为十分出色的女性。

这种对话大人听起来可能会觉得幼稚可笑，但对于孩子来说却是永生难忘的美好回忆。在家庭教育中，要由母亲做主，父亲给予协助。只有在这样的家庭环境中，才能培养出优秀出色的孩子。因此，父亲与其总是抱怨工作太忙、太累，不如多花时间陪陪孩子，进一步加强与孩子的交流。

期待的结果

育儿这一事，若是做得出色便会产生惊人的效果。有时候甚至会让你觉得自己的孩子是个天才，有时候也会在社会上引起轰动。

但关键的是这之后的事情。我们该如何让孩子发挥出来的才能继续发展壮大呢？又该怎样将这种才能与其他才能联系在一起呢？

我们必须慎之又慎的是，千万不要对孩子期待过高。

（一九八六年六月）

37. 兄弟姐妹越多越好

最近想要组成核心家庭的年轻夫妻越来越多，同时，他们表示不想生太多的孩子。当然他们会产生这种想法也受住房条件和经济条件的影响。但是，从幼儿教育方面来看，这种变化绝不是一个好现象。

我自己是一个独生子，这在我那个年代是很少见的。因此，我很羡慕不是独生子的朋友们，他们能一家人热热闹闹地一起吃饭、一起玩耍，偶尔也会吵架拌嘴，所以我常常不请自来地去他们家里玩。然后，我发现一个有趣的现象：基本上在每个家庭里，年纪最大的孩子都有点像“傻老大”，既老实听话又有礼貌，说得不客气一点，就是没有“霸气”。而我的一个朋友就不同，他在家里的三兄弟中排行老二，脸皮厚，且生性好强，为人倔强，即使被哥哥欺负也不会哭，就算哥哥和弟弟一起欺负他，他也绝对不会认输。当然，我想不仅只有我见过，到处都有类似的事情。

为什么明明有着相同的父母，并且在同一个家庭环境里长大，兄弟之间在性格、能力等方面会产生这么大的差距呢？传统观念认为，老二和老三不像长子那样被父母宠爱，所以自然而然地会养成自立的性格。但是，根据最近的幼儿教育理论来看，似乎又不仅如此。

第一个孩子出生后，不论父母为营造出良好的家庭环境做出多大努力，孩子也只会从父母那里受到影响。但与此不同的是，老二出生后不仅会受到父母影响，而且也会受到哥哥的影响，因此，性格上会比老大更加活泼，个性也越强。接着是老三、老四，依次向后推，在家里排行越小，这种倾向越强，性格也好，身体条件也好，都得到了足够的锻炼。

据说在小提琴教室里也有着同样的倾向，如果孩子的哥哥姐姐也在学小提琴，那么孩子的进步会很快。这也许是因为孩子自出生起就听哥哥、姐姐的演奏或播放的曲目长大的缘故。

人们常说："穷人孩子多"，但出人意料的是，在社会上有许多名人又出身于贫穷家庭，这两者之间可能有很深的联系。之所以这么说，是因为刚才讲过，如果婴幼儿时期，孩子的兄弟姐妹越多，相互之间给予的影响也就越多，所以无论是在性格方面还是能力方面，孩子都更有可能成长为出色的人。

38. 祖父母能为孩子带来更多好的影响

现在，小型化家庭，即年轻夫妇与老人分开居住的家庭越来越多，同时，老人在孩子的教育问题上变得没有话语权，不再参与孩子的教育，这在日本已经成为一种普遍的现象。这是因为父母认为老人会溺爱孩子，担心宠坏孩子所造成的。

也有一些父母以老人在身边会对教育孩子产生妨碍为理由，与老人分开居住，一家三口挤在狭小的公寓里生活。

然而，这种担心真的有必要吗？要我说是完全没有必要的。其他理由暂且不提，仅就幼儿教育问题而言，这一点就让人怀疑。的确，在今天的社会，仍有一些“婆婆和小姑子欺负媳妇”“长子是个宝而其他孩子都是草”之类的封建思想和传统观念，但是，我们也不能忽视几代同堂对幼儿教育有很大的好处。很多老人，他们曾接受过正统教育，有很深的文化修养和广泛的爱好。有些人认为，这些已经不再适用于现代社会了，其实并非如此。这与杂志上关于婚丧嫁娶的特辑文章反复刊载、经久不衰的道理是一样的。无论在哪个时代，与人际关系相关的教育都是很有必要的。

老人有着如此重要的影响力，仅仅因为会娇惯孩子就把孩子从老人身边强行分开，这种做法未免也太过分了。为了不让孩子变得任性，父母可以对老人适当地加以干涉。但是，我们首先要牢记，老人的一言一行都可以使孩子受到他们在父母那里得不到的良好影响。

茅诚司老师说过，在幼儿时期，对他影响最大的就是爷爷和奶奶。茅诚司的爷爷在当时是神奈川县爱川街附近的一个村长，据说他十分严厉，就连哭泣的孩子只要听到他在路上咳一下，就会停止哭泣。

但他的严厉并不表现在训斥人上，而表现为无论做什么事都一丝不苟、认真负责的态度。因此，茅诚司老师虽然当时抵触心理很强，但绝不会朝着不好的方向发展，而成为一个性格刚强、不服输的人。与爷爷相反，他的奶奶是个很和蔼可亲的人，一年到头不停地在织布。或许是受奶奶的影响，茅诚司老师无论做什么事都精神集中，就连在庭院里除草，也要拔得一根不剩才肯罢休。

心理学家多湖辉老师分析指出，正是受爷爷奶奶的影响才使茅诚司老师成为具有优良品格的世界级的科学家。

39. 大人应该鼓励幼儿之间的交往

婴幼儿在与母亲朝夕相处中，能受到好的刺激，这不仅有助于婴幼儿智力的发育，而且对孩子情绪的稳定也有着极其有效的作用。关于这一点，在前面我已经用很多实例进行了说明。

但是，对于婴幼儿来说，仅从母亲那里得到刺激是远远不够的，相比之下，孩子与兄弟姐妹、堂兄弟及其他孩子交往，从中受到的影响会更大，也更为有效。我经常看到有的母亲把婴幼儿一天到晚地关在家里。其实，她们应该把婴幼儿多带到外面去和其他孩子进行交流。这不仅有利于促进婴幼儿智力的发育，而且也有利于培养孩子的协作精神、社会活动能力及领导才能。

也许有人还记得一篇题为《如果把一只刚出生的小猴子放入隔离室，这会对它的未来产生什么影响呢？》的报道吧。这是前面曾提到过的威斯康星大学灵长类研究所所长哈里·哈洛博士所发表的一篇实验报告，在报告中他向人们展示了关于猴子之间的交流情况、智力发育水平、社会活动能力等极其有趣的实验结果。

所谓的隔离室就是一个四周全部用木板挡住的笼子，里面装有一个哺乳瓶的奶嘴，供小猴子吸奶。首先，他把一只在隔离室里生活了 3 个月的小猴子放出来，放入普通猴群中，观察小猴子会有怎样的行为。观察发现，小猴子在一开始时会不知所措，但不到一周，它就开始很活泼地与其他小猴子在一起玩了。接着，哈洛博士又把一只隔离了 6 个月的小猴子放入普通猴群中进行观察。他发现，这只小猴子根本不和其他的猴子一起玩。它似乎很害怕，蜷缩着身体，躲在笼子角落里瑟瑟发抖，不想出来。

更严重的是在隔离室里生活了一年的小猴子，当有其他的小猴子进入隔离室时，它根本不愿意与其来往。另外，据说后来哈洛博士把隔离室里放出来的小猴子与普通的小猴子放在一起喂养时，普通的小猴子竟然因孤独患上了神经衰弱。另外，博士对小猴子的智力水平进行了测试，测试结果表明，在隔离室生活了6个月以上的猴子的智商根本无法与普通的猴子相比。

我看了这篇报道后，觉得这个实验的结果对于人类的婴儿也是适用的。这项实验告诉我们，如果婴幼儿也在这种与他人之间交流很少的环境中长大的话，会给其性格的形成与智力的发育造成严重的阻碍。虽然，在如今的社会中人们已不再像以往那样邻里之间来往密切，但我希望至少孩子的母亲能够让婴幼儿多与其他的孩子接触交流。

40. 孩子间的争吵，能增进他们的社交技巧

本来，人就是一种倾向于集体生活的社会性动物，一旦离开群体就无法生存下去。但是，在人的大脑中又长有突出自我的额叶部分，所以这就要求我们在日常生活中努力保持个人与群体之间的协调。如果不能很好地使个人与群体这两者相互协调起来的话，就不能适应社会的需要。

能否很好地使个人与群体两者协调起来，主要取决于幼儿时期的教育。我认为，只有使孩子从小形成一种精神，即在该坚持自我时坚持自我，该妥协时就妥协，才能使个人与群体协调起来。我之所以说幼儿之间的交往十分重要，意义就在这里。

幼儿到 2 岁左右就不再独自玩耍了，开始和朋友们一起玩。这表明原来一直处在父母保护之下的幼儿已经开始进入其他集体之中，学习如何与他人协作。当然，他们有时会因为自己的意见没有被采纳而哭着回家；有时也会与朋友们因为意见不一致而相互争执，把对方弄哭。幼儿正是在这种与朋友们玩耍或争执的过程中学会集体生活方式的。尤其是吵架，对培养孩子的社交能力和积极性有着重要意义。

孩子的吵架分为三种类型：自己主动发起的吵架；别人迫使自己吵架；报复性的反驳。一般来说，这三种类型分别出现在不同年龄层的儿童之中。例如，2 岁左右时，多是别人迫使自己吵架，而到 3 岁左右的时候，多是孩子自己主动发起的吵架。这大概是因为孩子到了 3 岁左右已产生自我意识，开始强调自我的缘故吧。

孩子吵架的原因是多种多样的，有的是因为别人抢了自己的玩具，有的是为了争着玩公园里的滑梯和秋千，有的是因为说了别人

的坏话等。但是，孩子绝对不会无缘无故地吵架。如果不分青红皂白，直接告诉孩子吵架是不对的，不允许孩子吵架的话，对于提高孩子的协作能力是没有任何好处的。当然，如果父母对孩子的吵架大加赞扬，同样也不利于培养孩子的社交能力。

孩子们是按照自己的逻辑去强调自我或相互协调合作的，这里面没有大人参与的余地。如果按照大人的逻辑来对孩子的争吵判断对错，或是训斥孩子，不允许孩子吵架的话，只会使孩子性格变得胆小乖僻。因此，可以说吵架是孩子在从个人走向集体的过程中所需经受的一种锻炼。

第四章

兴趣使孩子成长

41. 认生是婴幼儿具有模式认知能力的证明

在前面，我从各个角度对于幼儿的模式认知能力进行了阐述。下面来谈一谈“模式”这个大家不太熟悉的词语。

“模式”，在英语中写作“pattern”。一般是表示图样、模型的意思。不过，我在这里所说用模式不单单是指图样或模型的意思，其中还包括思维方式的含义。具体来说，当大人们看见或听见什么事情时，都是以逻辑思维来进行把握、分析的；而婴幼儿却不同，他们是通过直观感受来把握、分析事物的。因此，理所当然地大人的逻辑对于婴幼儿来说是不适用的。

关于婴幼儿的模式认知能力，最让我感到惊奇的是婴幼儿对于人的长相的识别能力十分出色。在我一个朋友经营的托儿所里有一个孩子，据说这个孩子在一岁零几个月的时候就能记住并区分整个托儿所中 50 个大人的长相。

他不只是记住了那些人的长相，而且还根据特征给每个人都起了绰号。这种抓住特征记忆的方法实在是厉害。

一下子记住 50 个人，并记住每个人的长相，这对大人来说也不是一件容易的事。要想从逻辑上理解这种复杂的问题是很困难的。大家不妨试着用文字来描述一位你所熟悉的人的长相。这时，我想大家都会知道即使是很熟悉的人也不是那么容易就能抓住其相貌特征的。

婴幼儿出色的模式认知能力在其出生半年后就能明显地表现出来，所谓的“认生”就是最好的证明。孩子那小小的脑袋能够清楚地区分父亲、母亲这些熟悉的人的长相与其他自己不熟悉的人的长相。可以说，在婴幼儿所拥有的各种能力中，这种能力是大人绝对无法模仿的最高能力。

42. 鞭子在孩子对其还没有认识的时候使用最有效

古代有句俗语说：“傻国王四周尽是盲目的忠臣。”用这句话比喻父母和孩子，特别是与一岁前婴儿之间的关系，最恰当不过了。之所以这么说，是因为婴儿就像是那傻国王，根本什么都不懂，而父母们就像唯命是从的忠臣，一切顺从孩子，孩子怎么说就怎么做。

不过，再怎么无知的婴儿，只要他还老老实实地躺着，就不会有太大的问题，不会给人添麻烦。但是，孩子一到两三岁之后就开始任性，教人不知该将其如何是好。世上很多父母认为应该从这个时候起管教孩子。于是，每当孩子做错了什么，家长们不是大声斥责孩子，就是实行体罚，一反以前温和可亲的模样，变身“魔鬼调教师”。可是，这种方法是无论如何也不会有效果的。

也许父母们没有注意到，其实这种状况会出现就是在孩子不到一岁时父母一味顺从、娇惯孩子的结果。婴幼儿到两三岁时开始形成自我意识，这个时期就是所谓的反抗期。从这个时候起，孩子就不再什么都听父母的话，父母越是斥责、体罚，孩子就越有一种逆反心理。而孩子越是反抗，父母就越会歇斯底里地斥责、体罚孩子，从而形成一种恶性循环。为了避免这种情况的出现，应该在孩子不到一岁、尚未产生自我意识时就开始教育。

例如，即使是吃饭、排泄这类人的本能行为，如果让孩子出生起就养成一个很有规律的习惯，那么，孩子就不会因为常吃零食而长成肥胖儿童，也不会到上学后还改不掉尿床的毛病。

有些父母总认为孩子还在婴儿时期，不要太约束他，应该让他自然发展。这种父母的一片爱心，其实反会害了孩子。因为，在零到一岁期间，孩子不知道什么是严厉，也不知道鞭子是干什么用的。

但是，两三岁以后的小孩，就已经知道鞭子的厉害了。正因为如此，在孩子零岁时娇生惯养，后来才开始严加管教的方式，反而会比一开始就严格管教更容易使孩子产生逆反心理。所以，鞭子这个东西还是要在孩子对它还没有认识时使用才最有效。

教育

少年暴力、不良行为、校园欺凌等问题一旦出现，人们就会纷纷议论说这是由于在这个时期父母对孩子的教育不到位所致。另一方面，教育又给人严格性与强制性的印象。但是，这种“教育”观点，与最初教育孩子的初心大相径庭。

如果在孩子的自我意识萌生之前，就使其养成好的习惯，那么他们以后也会自然而然按照习惯行事了。

（一九八六年七月）

43. 愤怒和妒意，是幼儿受挫的表现

孩子在婴幼儿时期尚未学会用语言来表达自己的想法。因此，母亲必须学会从孩子的表情来观察推测他的想法，采取适当的措施。但从孩子的一方来说，母亲并不像他们所想象的那样理解自己。母亲往往不知道孩子为什么生气、为什么撒娇任性，每天忙于家务事，不注意观察孩子的情绪。

幼儿心理学权威、东京家政大学教授山下俊郎博士列举了以下六点幼儿会发脾气的原因：

（1）生病、健康状况不佳；

（2）困倦、肚子饿、身体不舒服；

（3）遇到不愉快、恐怖等强烈的刺激；

（4）运动不足，体能过剩；

（5）为满足自己的要求，故意发脾气；

（6）坏脾气的父母为孩子做了爱发脾气的示范。

从以上六条原因可以发现，婴幼儿生气或发脾气的原因，几乎全都是周围的环境或以往的教育造成的。假如不寻找原因，一味地斥责孩子或一味地顺从孩子，势必使孩子产生反抗心理或是变得任性。

父母自以为很了解孩子的心情，但是孩子却不这么认为，他们总觉得父母根本不理解自己，因而容易生气、发脾气。这时就要求父母要有一种坚决的态度，孩子正当的要求应予以认可，不正当的要求就直接拒绝，如果不这么做，孩子就可能会变得非常任性。

听说孩子的嫉妒心在一岁半时就开始表现出来。以往一向被宠爱的孩子，一旦有了弟弟或妹妹的时候，他的嫉妒心理就会完完全

全地显现出来。此外，有时候父母之间的谈话也可能会使孩子产生嫉妒心理。我们仔细研究一下孩子的行为动机，就会发现原因大多出于其嫉妒心理。

由此可知，幼儿的生气或是嫉妒等举动都是有原因的，而且大多都是因为孩子的要求没有得到满足。如果父母忽略孩子的情绪，一味地训斥或是表扬，孩子是不会接受的。为人父母要做的事情，并不是压制孩子，而是要帮助孩子消除要求得不到满足的挫败感。

44. 当众数落缺点，可能会给孩子心灵留下创伤

下面这个例子也许会有些稀奇古怪，请大家见谅。我认识的某出版社的编辑中有一个青年，他有一个怪癖，在人前讲话时，总会频繁地捏自己的鼻子。而且，随着谈话内容越来越复杂，或是形势对自己不利时，他越紧张，这种怪癖表现得就越明显。当然他本人也注意到了自己的这个毛病，并努力去克服。但是，只要谈话一投入，他的手就会不自觉地要去捏鼻子。

据他自己说，这是因为他小的时候不知为什么鼻孔显得特别大，面部比例失衡。两三岁时他经常一边玩一边不自觉地挖鼻孔。每次父母看到，总会当着别人的面数落他："别再抠了，你越抠鼻孔越大！"由于父母经常数落他，后来他就养成了一个不好的习惯，每次父母一说，他就会马上用手捏住鼻子，希望能把鼻孔捏得小一点。这个习惯一直到上学都没改掉，以至于他经常受到同学们的嘲笑。因此，他常常会过于在意他人的目光，最终养成了那种畏首畏尾、干什么都不积极的性格。

因为他这么说了，虽然有些不礼貌，但我还是盯着他的脸仔细地看了一下，发现他的鼻孔确实有点大，但并不是大得特别显眼。我不知道他父母是怎么想的，我认为，即使他的鼻孔是比较显眼的，但作为父母也不应该那样毫无顾忌地当众数落孩子的缺点。幸运的是他有一个通情达理的祖母，每当父母说他的时候总会护着他。这位编辑开玩笑似地说，也许正是由于祖母的保护，使得他虽然没能改掉怪癖，但却成长为一个对社会有用的人。然而，我认为这可能并不是一个玩笑。如果没有祖母对他的保护，稍有不慎，那些细小的事也可能使他成为一个性格阴沉、偏执的人。

不仅仅是这个例子，世界上有很多父母都爱在人前毫无顾忌地数落孩子的缺点，他们认为无所谓，反正孩子听不懂。虽说这本身可能不是什么大事，但是幼儿时期是孩子最容易受影响的时期。对于正处于这一时期的孩子来说，这种小事也可能会给孩子幼小的心灵留下创伤。

例如，一个孩子在幼儿时期经常因为头发卷而遭到别人的嘲笑，那么，这个孩子长大之后，不知为什么常常会忘戴帽子。在别人看来，如果他不戴帽子的话，卷发会很显眼，就会遭到别人的耻笑。明明不戴帽子会更引人注目，却还是常常会遗忘，这一点让人很意外。但事实上，他们的这种做法是由一种小时候心理上的矛盾所引起的：一方面他们是为了不想引起他人的注意而必须要戴帽子，另一方面又对不得不戴帽子而感到厌烦。奥地利精神分析学的创始者弗洛伊德博士也举过很多类似的例子。

45. 对幼儿来说，表扬比批评更有效

就表扬和批评对幼儿教育的作用来说，似乎批评比表扬更能发挥较强的威力。但也不能因此就认为批评更利于幼儿教育，对孩子更有好处。有时候批评会使孩子产生抵触情绪，不利于孩子身心发育。因此，在进行幼儿教育时，父母必须在充分考虑的基础上决定应该对孩子表扬还是批评。

例如，母亲当着孩子的面往杯子里倒入果汁，把杯子拿给孩子时，2 岁左右的孩子就会模仿母亲自己去拿杯子。而母亲担心孩子会把果汁洒出来，就会说“不行”，不让孩子自己拿杯子。这其实是一种错误的做法。当孩子稍微长大一点之后，父母又常唠唠叨叨地说：“你就不知道帮一下忙呀。”父母对待孩子的这种态度是很有害的，孩子会觉得父母的话前后矛盾。所以，我认为如果一件事情孩子实在做不了却又想做时，父母首先也要表扬说“真了不起”，然后对孩子加以引导。例如，孩子想要自己去拿杯子时，父母应该对孩子的做法予以表扬，然后把杯子里果汁的量减少之后再让孩子去拿。

小提琴教师铃木也曾讲过一件有趣的事。在某个城市的一间小提琴教室里，有一个小提琴拉得很不好的孩子，大家都认为这孩子从此就这样了，已经无可救药了。

但是，铃木老师却没有放弃他，铃木老师对这个孩子说：“你拉一段让我听一下。”于是，这个孩子就拉了一曲，仍然拉得很差。但是，铃木老师却说：“你拉得很好，很不错。”然后，又问这个孩子：“这个地方，老师能这么拉，你能做到吗？”这个孩子回答得很爽快，说：“我能做到。”结果，在老师的指导下，这个孩子慢慢地掌握了拉小提琴的要领。所以说，在幼儿教育方面，恰到好处的表扬比

批评更为有效。

但是，也有一些情况必须对孩子进行批评。而在需要进行批评时，不能只单纯地去否定孩子的行为和想法，一定要去引导他，给他讲明道理。例如，当孩子把一张你还没有看完的报纸撕了时，你不能不容分说地上去就打他的手，或把报纸夺过来，而应该给他换一张报纸让他玩。否则，孩子难得对什么产生了兴趣，兴趣对象却单方面地被父母无情地剥夺，这会让孩子感到不知所措，不利于孩子的身心发展。此外，也可以给孩子讲道理，孩子即使不能完全理解那些道理，也一定能从父母的态度中有所领悟。

46. 激发兴趣，就是最好的学习方法

每天都有很多母亲领着两三岁的孩子来到铃木镇一老师的小提琴教室，说是想学小提琴。很多孩子是被母亲强行带来的，刚到这里时，他们不是东张西望，就是在走廊上喧哗、四处乱跑，对小提琴没有一点兴趣。这是因为，3 岁左右的孩子已经开始产生了自我意识，如果突然硬逼着孩子学小提琴的话，他只会哭着闹着反抗，更加讨厌小提琴，不愿意去学。

于是，铃木老师就想了一个办法。一开始他并不急于教给每周和母亲一起来的孩子如何拉小提琴，且故意不给孩子小提琴，而是先教母亲拉小提琴，以此来引起孩子对小提琴的兴趣。这样，过了不久，那些不愿意拉小提琴的孩子也开始产生了兴趣，一动不动地坐在位子上，看那些与自己同龄的孩子熟练地拉小提琴。过了两三个月之后，孩子就已经完全记住了曲子，很想自己亲手拉一拉小提琴。尽管如此，铃木老师还是不给他们小提琴，直到看到他们已经急不可耐，完全坐不住了再给他们小提琴。最慢的孩子是过了 6 个月才开始参加实际训练。

“兴趣是最好的热情触媒”，这就是铃木小提琴教室的教育方法。铃木老师认为，强迫对小提琴不感兴趣的孩子学习拉小提琴，这是最坏的教育方法。一旦孩子对小提琴产生了兴趣，其进步就会非常迅速，取得让铃木老师都感到吃惊的好成绩。俗话说：“兴趣是成功的基础”，所以让孩子感兴趣就是最有效的教育方法。在这个阶段，母亲最主要的任务就是设法激发孩子的兴趣。也就是说，不是去教孩子如何算数，而是要让他们对数字产生兴趣；不是去教他们如何画画、写字，而是要让他们对画画和写字产生兴趣。在某种意义上

可以说母亲的任务就是为孩子做好学前教育的准备。

当然，要想让孩子对什么产生兴趣，必须给孩子准备好一定的条件。如果不给孩子蜡笔和画纸就让孩子学画画的话，实在是强人所难。孩子只有在自己周围经常放有画笔和绘画纸的情况下，才有可能产生想学习画画的兴趣。如果什么东西都不给孩子准备好，就想让孩子产生兴趣，这就像是驯狗师不给小狗食物就让它练习坐下一样，强人所难。

有的大人不喜欢音乐，不喜欢绘画，只要问一下他们为什么不喜欢，就会发现，他们大多是幼儿时期被父母强制要求学习丧失了对这些东西的兴趣，或是根本没有机会接触到这些东西造成的。从这样的事例我们很容易了解“感兴趣”的重要性。

47. 富有节奏感的东西能引发孩子的兴趣

在美国有一张叫作《穿袜子的狐狸》（Fox in Socks）的幼教光盘曾很受欢迎。这是一张看图练习说话的光盘，上面的图画非常漂亮。另外，从光盘的名字来看，可以发现“fox”与“socks”这两个单词押韵，都以 |KS| 的音标结尾。许多英语诗歌都是把押韵的单词排列在一起，让人感到很有韵律，以此为美。另外，这张光盘的背景音乐为 2/4 拍，欢快活泼，听起来更有节奏感。

听到这张光盘，不要说幼儿，就连我们大人也会不由自主地随着音乐的节拍律动。而且，这张光盘与普通的幼教光盘不同，不是教孩子死记硬背里面的单词，而是让孩子自然而然地随着轻快的节奏掌握语言。因此，这张光盘会在美国引起轰动也是理所当然的。

最让我佩服的是，这张光盘完全不会让人感觉是在背诵、接受训练。它能使人一边欣赏音乐，一边学习语言。遗憾的是，在日本还没有开发出这种配有音乐的语言学习光盘。在美国，之所以能在幼儿教育方面取得如此巨大的成就，无非就是因为他们在如何激发孩子的兴趣方面投入了巨大的精力。他们这种以富有节奏感的音乐激发孩子兴趣的教育方法难道不值得我们去学习吗？

一提到学习，我们就会不由自主地产生抵触情绪。这正如我们所读的文字一样，一种强制性的观念在幼儿时期就已经植根于我们的脑中了。学习这种事情本来应该是带着兴趣进行的，应该是一种享受。

虽然我并不提倡“耳濡目染，不学自会”，不过，我认识的一位僧人的儿子（译注：在日本，僧侣是可以结婚生子的），据说他 3 岁的时候就把父亲所念诵的经文全部都记下来了。这是因为，僧人们念诵的经文和着敲击木鱼的声音，听起来很有节奏感，所以孩子能很快地记住。这也是一种自然而然的记忆方法，如果要让孩子有意识地去背诵记忆的话，结果只会让孩子感到痛苦。

性格的决定性因素

我总觉得不论怎么想人的性格都不是天生的，倒不如说是受出生后的人际关系的影响而逐渐形成的更为妥当。而且人的性格，似乎早在其会开口说话以及明白事理之前，就已经塑造成型了。

若是如此，母爱也好，模式也好，都可以说是影响孩子性格形成的决定性因素。

（一九八六年十月）

48. 对于幼儿来说，“有趣”“愉快”就是“好”，“无趣”“责骂”就是“坏”

如果你的孩子弄坏了什么东西，你会不由分说地上去就训斥他吗？你大概会根据常年的人生经验及社会道德观念为判断标准去判断事物的好坏的吧。但是，婴幼儿出生到这个世界上不过才短短的一两年，他们根本理解不了弄坏了东西是好事还是坏事。被父母狠狠地训斥后，也许他们再也不敢弄这个东西了，但是，同时这也意味着你扼杀了孩子的创造能力。

孩子是以什么为标准判断事物的好坏的呢？儿童心理学专家青木诚四郎先生对此进行了长期的研究，他认为，孩子都是把“有趣的”“愉快的”的事情看作是好事。例如，在报纸上常会刊登一些诱拐儿童的报道，每当这些被诱拐的孩子平安回家之后，问他们为什么要跟别人走的时候，他们大多都会回答说：“因为那个叔叔不是坏人，他很有意思。”

那些诱拐犯也经常认真研究孩子的心理，他们知道，只要给孩子们玩具或是给他们讲有趣的故事，就能吸引孩子的注意，跟着他们走。正因为幼儿认为能让自己感到高兴的人就是好人，所以他们才会毫不犹豫地跟着诱拐犯走。

像这样，将“好”与“愉快”等同起来，这是婴幼儿在最开始时的认识。然后随着年龄的增长，他们逐渐积累了一些人生经验时，就开始认为受表扬的事情就是好事。比如，如果自己因为帮助母亲做事而受到了表扬，那么，他们就会认为帮助母亲做事是件好事。相反地，他们所认为的不好的事情就是会让他们感到“遗憾”“无趣”“不甘心”等有不愉快的感觉的事情。例如，受到母亲的批评，或是挨打，都是会让他们感到不高兴的事情，因此，他们认为这些事就是不好的事情。

假设孩子小提琴拉得不好，或者怎么也记不住汉字时，你不分青红皂白地批评孩子，那么对于孩子来说，拉小提琴和记汉字就是会让自己受罪的事情，也就是不好的事情。于是，就和弄坏东西一样，在孩子心里，拉小提琴或记忆汉字也成了一件不好的事情。之所以有些孩子长大成人之后，也不喜欢学英语、拉小提琴，恐怕在很大程度上是因为幼儿时期经历过类似的不愉快的事的缘故。

因此，我认为，父母在教育孩子时，不应该把自己的善恶观念强行灌输给孩子。教育幼儿的根本方针是，让孩子自己在实践当中体验，只要父母恰当地进行批评和表扬，就可以使孩子更好地发挥他所拥有的能力与才能。

49. 孩子的兴趣，要长久保持才有意义

前面我们也讲过，兴趣才是孩子最好的老师。但是，问题在于对于好奇心十分旺盛的幼儿来说，很难将这种兴趣一直持续下去。如果我们放任不管，那么，幼儿就会不断地改变兴趣对象。

但是，在某种程度上来说这也是没有办法的事情，因为如果强制性地把婴幼儿感兴趣的对象限定在一个事物上的话，反而会使婴幼儿感到自己的欲望得不到满足。而且，正因为孩子有这种强烈的好奇心，婴幼儿才能从外界获得大脑和身体成长发育必不可少的各种刺激以及丰富多彩的体验。

但是，无论是什么，如果孩子只对一个事物有强烈的兴趣也是不行的。当然，如果不能使孩子对某一事物保持长久的兴趣，也有可能会使孩子养成散漫的性格。

婴幼儿会从外界许许多多的事物当中，自然地找到自己感兴趣的事物，并逐渐加深和保持自己对那些事物的兴趣。不过，在大部分情况下，父母的帮助必不可少。也就是说，父母能否迅速地发现婴幼儿感兴趣的东西并予以支持，对于婴幼儿保持自己的兴趣有着重大的意义。正如前面说过的那样，婴幼儿的兴趣来得快，转移得也很快。

所以，作为父母来说，要及时抓住孩子兴趣萌发一瞬间给予孩子适当的帮助，提高孩子的兴趣。但尽管如此，想使孩子同时对很多事情保持兴趣是不可能的。当然，我们在一开始时并不知道哪个兴趣能一直保持下去。因此，我希望父母们能尽可能地培养孩子多方面的兴趣，让孩子有机会对自己的兴趣做出选择。

一位在松山市担任店铺顾问的父亲向我来信，在信中他详细地

讲述了一个及时发现孩子的兴趣，并帮助孩子将兴趣一直保持下来的例子。据说，他的长子在1岁2个月时，不知为什么对“の”字特别感兴趣，所以，在日常生活中这位父亲只要看到这个字就会用手指着让孩子念。孩子在1岁4个月时就记住了英文字母ABC。于是，他就及时地把握时机教孩子认其他的字母，结果孩子很快就记住了所有的字母。孩子到了1岁6个月时，对汽车公司和电器公司的商标产生了兴趣，于是父亲就让孩子看着公司的名称让他猜该公司的商标或给出商标让孩子说出公司的名称。这表面上看起来似乎只是与孩子做游戏的形式，其实他这样做不仅能提高孩子的兴趣，而且会使孩子将兴趣一直保持下去。

50. “重复”是激发孩子兴趣的最佳途径

如果同样的话题让我们大人一天之内重复听到三四次，一般都会使人感到厌烦。像我这样急性子的人，同样的话听到两次就会感到烦躁，内心无法平静。但是，我们小的时候却不是这样，我们总会不厌其烦一遍又一遍地央求父母给我们讲同样的童话故事，现在想来这一点真的有些不可思议。

我在前面曾多次提到，“重复”在婴幼儿时期具有十分重要的意义。对这一时期的婴幼儿反复地讲同样的事情能促进孩子脑细胞线路的形成。并不是说因为婴幼儿还不懂何为疲倦，所以可以反反复复地讲同样的东西，而应该是正因为婴幼儿不知疲倦，大人才要通过“重复”的方法来帮助孩子形成正确的脑细胞线路，为将来打下良好基础。婴幼儿有着很强的吸收能力，即使是刚出生 3 个月的婴儿，无论是多么复杂难懂的音乐，只要一天之内让他反复多听几遍，他也能将其完全记住。

在幼儿时期，家长通过“重复”，不仅能帮助孩子形成正确的脑细胞线路，打下良好的基础，而且在培养孩子的兴趣方面也具有重要的意义。通过“重复”，婴幼儿记住各种各样的音乐与童话之后，他就会逐渐要求父母反复播放自己喜欢听的音乐和童话。另外，孩子也会产生各种各样的疑问，提出许许多多的为什么。通过家长的“重复”，孩子不仅可以记住故事的大致内容，同时，也会提高对这些故事的兴趣。

我想，在婴幼儿时期让孩子产生兴趣的重要性就没有必要再重述了。兴趣可以产生热情，这对于孩子以后的成长进步是必不可少的。也就是说，兴趣产生热情，热情使人进步。婴幼儿经常听父母讲童话故事，过了一两年之后，孩子就会慢慢地对绘本产生兴趣，进而开始对汉字和文章产生亲切感，最后会产生自己阅读故事的热情。

有这样一件事情：一对双职工夫妇，孩子出生后将其送去托儿所抚养了一年二个月，孩子接回来以后，他们发现这个孩子反应非常迟钝，似乎有些智力低下。但是，当这个孩子长到四五岁时，却对音乐表现出了浓厚的兴趣，并提出想学小提琴和钢琴的强烈愿望。他的父母对此感到有些不可思议，经过调查之后得知，这个孩子在托儿所时，几乎处于一种完全无人看管、毫无刺激的状态之中。只有在睡觉前或活动时经常会听到反复播放的舒伯特、莫扎特的《摇篮曲》或《冰上华尔兹》等。看来是无人看管、没有刺激的环境使孩子变得反应迟钝，而反复播放的《摇篮曲》等使孩子对音乐产生了兴趣。我从这个孩子身上，得到了幼儿教育相关的宝贵经验和沉痛教训。

第五章

如何培养婴幼儿的创造力

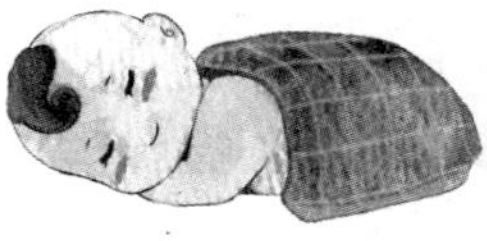

51. 幼儿的想象和幻想，是培养孩子创造力的起点

很多家长都说：“想把孩子培养成富有创造力的人”。在本书中我也多次谈到了关于幼儿创造能力培养的相关内容。

但是，在现实中很多父母所实施的仍然是一种“填鸭式”的教育，并不关注培养孩子的创造能力。因此，许多孩子就被培养出了“小聪明”。结果，他们长大成人之后没有自己的主见，不知道自己该做些什么好。因此，我认为家长应该在幼儿时期就注重培养孩子的自主创造能力。

那么，什么是创造能力？对于创造能力，我们很难下一个清楚的定义。按照我的理解，创造能力分为初级阶段和高级阶段，初级阶段的创造能力是指，在强烈的兴趣和好奇心的驱使下充分地发挥自己的想象和直观能力；高级阶段的创造能力是指发明创造新的事物，发现新的东西。高度发达的创造能力需要具有理性推理、思考和研究能力，但初级阶段的创造能力则完全依靠幼儿时期的直觉和感受能力。因此，在大人看来幼儿那完全不现实的幻想和想象等感性因素，才是幼儿创造能力发达的起点。

例如，如果给幼儿一个布袋偶人或一只动物的假面具，他们自己就会进入角色之中，或是扮成猴子，或是扮成狸猫，并以自己之前去动物园看到的或听到的故事为基础，发挥自己的想象，编出独特的故事来。另外，当看到一幅画时，他们也会发挥出丰富的想象力，想到一些大人完全想不到的东西。

据说，文艺复兴时期的伟大画家、科学家达·芬奇在幼儿时期，总会从家里墙壁上的各种污痕与裂纹中，想象出各种各样的场景：或是魔女在上面飞来飞去，或是奇形怪状的动物在相互争斗。假设

大人画了一个罐子，但婴幼儿看到可能会想象成一条正大张着嘴嘶吼的大鱼。此时，大人千万不能纠正孩子说：“胡说八道，这是个罐子，不是鱼！”因为，这种一概的否定会扼杀孩子好不容易萌发的想象力，因此，应该避免这种行为。

接下来，我给大家引用一下《幼儿开发》杂志上刊登的一个5岁孩子讲的故事：“从前，有个老财主，他捡到一个篮子，打开一看里面满满地装着金币，就把篮子提回了家。到家一看，哎哟，金币竟然全变成了树叶！后来，他又在悬崖下发现了一个篮子，打开一看，嘿！里面装的全是水果，于是这个老财主就把水果都吃了。然后，他就去了草原，摘了好多花回来。”故事结束。这个故事里充满了创造性，很新颖。像这种创造性的萌芽，父母应该及时发现，并积极地对孩子加以培养，这样，才能使孩子具有无限的创造能力。

52. 幼儿通过模仿来培养创造能力

在我小的时候，附近住着一位口吃的男人，我经常模仿他讲话的样子。母亲每每听到就会训斥我说："快别学了，口吃也是会传染的！"

当时我只有 3 岁左右，而这个时期也正是"模仿"行为非常活跃的时期。

M.C. 琼斯一生中注意观察孩子在幼儿时期的行为，著有许多作品。他提出，要想让孩子克服怕狗的恐惧心理，应该让孩子与不怕狗的孩子们待在一起，孩子可以通过模仿小伙伴们的行为来消除对狗的恐惧心理。

曾经一位母亲向我讲述她的经验之谈。她说，如果让一个严重挑食的孩子与和他同龄的不挑食的孩子一起吃饭，让他看着别的孩子大口大口吃得很香的样子，就可以改掉他挑食的毛病。另外，我还常听到这样的事情，有些孩子平时在家里吃饭时总是没有食欲，但在附近朋友家吃饭时却判若两人，吃得津津有味。

有些母亲常常因此抱怨道："这孩子真是的，不爱吃我做的饭，却在别人家吃得那么香。"其实这只是一种模仿行为，与饭菜味道的好坏并没有什么关系。只要你让孩子看其他不挑食孩子是怎样吃饭的，他就会有食欲好好吃饭了。

这种幼儿时期的模仿，早在孩子一岁半左右的时候就开始了。二岁之后，孩子便能明确地根据自己的意愿去模仿周围人的言行举止。他们不仅会对小伙伴们进行模仿，而且还会积极主动地模仿大人和老人们的言行。人们常说："大人就像孩子的一面镜子。"所以，当孩子处于这一时期时，父母或其他养育孩子的人尤其要对自己的一言一行多加注意。

孩子到了三岁左右，对别人的动作、手势、话语，通通都会进行模仿。在我幼儿时期，母亲会训斥我模仿别人口吃，也并不是因为口吃会传染，而是因为担心我会在模仿的过程中也变得结巴起来。不仅语言是这样，其他各种方面也是如此。例如，孩子如果和神经纤细、敏感的孩子一起玩也会变得神经过敏；和怕飞机的孩子一起玩也会变得害怕飞机，等等。孩子在精神方面模仿别人时也会对自己造成很大影响，这一点家长不能忽视。

孩子们的模仿，不仅仅是一种机械式的模仿，也是一种创造性的模仿。如果过于限制孩子，告诉他们什么该模仿，什么不该模仿的话，反而会扼杀孩子刚刚萌芽的创造能力，希望各位家长能多加注意。

53. 培养孩子的第六感（直觉）比让其掌握技术和理论更重要

一般来说，人具有五种感觉：视觉、听觉、嗅觉、味觉和触觉。但是，除了这五种感觉，人还具有第六种感觉，即第六感。一提到女性的第六感，我们就会觉得不是什么好的能力，认为那是一种感知丈夫是否有外遇的能力。但实际上，第六感是人们要完成某一件事情时必不可少的重要因素。对于第六感比较强的人，人们通常称之为“具有敏锐直觉的人”。从古至今，具有伟大的发明创造的人，或是发现新事物的人，大多都是在长期研究实践的积累中，形成了良好的第六感，才成就一番伟业的。

正因为这种第六感比人们与生俱来的五种感觉更高级，所以，第六感也被认为是所有感觉之中最感性的，而且，第六感也被称作“动物的直觉”。它的重要性甚至超过了人的逻辑判断和推理能力。

我在前面提到过，0 ~ 3 岁婴幼儿基本上和动物差不多。从这种意义上来说，这一时期的孩子还不具备逻辑思考能力，他们的思维多是通过第六感来组成的。因此，婴幼儿教育最重要的绝不应该是让孩子理解道理或掌握理论，也不是教授给孩子什么技术，而是要培养孩子敏锐的第六感。

下面我要举一个比较特殊的例子。这是铃木老师在他所著的一本书中介绍的一个实例，这个例子向我们真实地传达了培养孩子第六感的重要性。铃木老师曾经教过一个名叫祯一的双目失明的孩子。一开始，铃木老师认为，一个连小提琴长什么样子都没有见过的孩子是无法学习小提琴这种要求很高的乐器的。但是，既然已经接收了这个孩子，就只能想尽各种方法，耐心地对他进行指导。首先，铃木老师让孩子手里拿着琴弓上下左右地移动练习运弓的技巧。然后，他让孩子用弓的顶部去碰左手手掌，练习运弓的准确性。开始的时候孩子完全碰不到左手手掌。但经过两周的训练之后，五次中能碰到两三次，最后他连比手小得多的大拇指也能准确地碰到。经过一年多的苦练，祯一终于在日比谷礼堂出色地演奏了有一定难度的扎伊茨的小提琴协奏曲。这正是培养孩子第六感能力的结果。

既然第六感是人的其他五种感觉的高度综合，那么，进行第六感的训练也可以使人的五种感觉发挥更大的作用。

育人的基本法则

强迫孩子做他们不喜欢的事情，父母的这一态度会使世间万事变得复杂。其实父母只需花一点功夫，就能将孩子讨厌的事物变成他们喜欢的事物。

幼儿教育就是可以简单地使其发生改变，在喜欢上不好的事物之前，可以轻而易举地让孩子喜欢上好的事物。

要培育一个性格良好的人，基本法则就在于此。

（一九八七年八月）

54. 婴幼儿教育不应有性别之分

一般来说，孩子刚一出生，家长就马上会为孩子描绘无限美好的蓝图，有的父母希望孩子以后能成为政治家或学者，有的父母希望女儿能成长为美丽、温柔贤淑的女性。这些都是所谓的“天下父母心”，并不能算是什么计划和野心。当然，仅仅对孩子的未来做一番不切实际的空想是可以的，但如果在培养孩子时过早地、有意识地区分男女性别的话，并不利于孩子的成长和发展。

实际上，在3岁之前，无论是生理上还是心理上，男孩和女孩都没有什么差别。所以，人们常会将女孩误认为男孩说“这小男孩好可爱啊”，或者把小男孩误认为小女孩说“这小女孩好可爱啊”。也许正因为在婴儿时期男孩和女孩的性别特征不明显的缘故，所以，在一些国家的语言中常以中性代名词指代婴儿。从学术研究方面，专家提出男女第二性征也是在出生相当长的一段时间后表现出来的。根据著名的幼儿心理学家范·奥丁斯塔因的研究表明，幼儿开始在行为、性格上表现出明显的差异是孩子长到四五岁之后，这时男孩和女孩在游戏方式上开始有不同的喜好，爱玩的玩具种类更是有着明显的差别。总之，可以说在3岁之前，男孩和女孩的差别只表现在第一性征上面。

然而，现在的家长自孩子出生起就注重区分性别来对孩子进行培养，把培养男孩的方法和培养女孩的方法都分得十分清楚。他们总是自作主张地按自己的标准去处理孩子的事情，例如在穿什么衣服的问题上，他们认为“这孩子是男孩，所以不能穿红色的衣服”。事实上，在这一时期，婴儿尚未形成自己的喜好，这样的做法无疑对孩子未来的发展不利。

说得极端一点，在我看来，可以让男孩子穿红色衣服，也可以让女孩玩一玩棒球或是玩具手枪。在男孩喜欢玩布娃娃时，大人不应该说“男孩喜欢这种东西像什么样子”就直接把娃娃没收。在女孩喜欢玩摔跤时，也不应该训斥她们说“这哪里像个女孩子”。德国诗人里尔克就是穿女孩子的衣服长大的，但他并没有长成一个娘气十足的男人。所以我认为，父母完全没有必要为男生喜欢玩布娃娃、女孩喜欢玩棒球手枪之类的事情感到担心。与其担心这些，不如担心父母以成人那种男女有别的、先入为主的观念对待孩子，会局限孩子的各种可能性，不利于孩子的发展。

55. 不要因为孩子年纪小，就在“性问题”上对他们说谎

“性教育”的问题一直是社会讨论的热点，有人提出应该等到孩子上小学或是上中学之后再让他们接触性知识。在我看来，这种做法是十分愚蠢的。为什么对于人类本能的性问题，在孩子幼儿时期要遮遮掩掩，直到上学之后才开始对孩子进行教育呢？如果在孩子二三岁时对其遮遮掩掩，不提前教给他们这方面的知识，那么，等孩子上学之后突然接触到这方面的问题，到那时无论是家长还是孩子都会感到不知所措。

即使是近乎“中性”的婴幼儿，到二三岁时也会对男女性别的差异产生强烈的好奇心。比如，当与父亲或母亲一起洗澡时，幼儿会发现父母身体上的差异并提出疑问：“为什么爸爸有小鸡鸡，而妈妈没有呢？”另外，当弟弟、妹妹出生时，孩子也会天真地问：“宝宝是从哪里来的”，等等。

当孩子问出这些问题时，我希望母亲能给予明确的回答。如果母亲只是笑着糊弄过去，或是对孩子撒谎，都不能使孩子信服。而且，如果母亲表现得不好意思或是惊慌失措，反而会给孩子灌输一种性是禁忌问题的观念，这会使孩子越发地对此具有更大的好奇心。

二三岁的孩子能凭着自己的直观感觉判断父母是不是在撒谎。即使他们暂时相信母亲的解释，但是由于母亲表现出的态度异于平常，他们也可能会对这些问题更感兴趣。

家长不能因为孩子还小就对性的问题闭口不谈或含糊其辞，如果家长能以正确的方式及文明的语言对孩子进行恰当说明的话，那么孩子也会自然而然地认为性是我们理所应当有的一部分了。

所以，为了不让幼儿产生“性是一种见不得人的禁忌”这种错误的观念，家长不能向孩子撒谎。我想，之所以我们大人仍然认为性是一种肮脏的、见不得人的东西，想必是我们在幼儿时期没有接受过正确的教育的缘故吧。

背诵①——大人和孩子

背诵是一件非常重要的事情，尤其是在牵扯到升学问题的教育领域时绝对不可或缺的。

然而，出乎意料的是人们总是忽视背诵与年龄之间的关系。之所以这么说，是因为大人在背诵时总是需要一些依据（关键词）才能背下来，而孩子们却可以死记硬背下来。

（一九八七年十月）

56. 不均衡的饮食将导致偏食

在孩子成长的过程中，家长一定会遇到的一个难题就是孩子挑食的问题。在专门的育儿杂志及育儿书籍上都会有各种如何纠正孩子挑食习惯的内容，像是《纠正孩子挑食的菜谱》《让孩子吃下讨厌的食物的方法》等。但是，从幼儿教育的观点来看，真正的问题不在于如何纠正孩子的挑食，而在于如何防止孩子养成挑食的坏习惯。

孩子一旦养成挑食的习惯，就很难纠正。小儿科医生、幼儿开发协会理事本多正明博士曾举了这样一个例子。有一个人买来了自己非常喜欢吃的牡蛎，于是就一天到晚地吃。正当他感觉已经吃腻了的时候，又有人给他送来了牡蛎。为了不辜负别人的一番好意，虽然他已经吃得恶心了，仍然一边流着冷汗，一边忍着把牡蛎吃了下去。结果，吃完之后他上吐下泻，身上还起了红疹子。从那以后，这个人体质就发生了变化，一看到牡蛎就浑身起疹子。

这是一个大人的例子。实际上幼儿也是一样的，如果硬让讨厌吃某种食物的幼儿吃那种食物的话，恐怕幼儿也会和前面讲的那人一样，变成一个永远讨厌那种食物、体质特殊的人。所以，我们应该注意防止孩子养成挑食的坏习惯。

除了过敏体质等体质性的、生理性的挑食以外，一般的挑食都是由于幼儿时期味觉发育失衡所引起的。如果总是给幼儿吃单一的、味道没有什么变化的食物，孩子的味觉就会发育失衡，排斥味道不同的食物，这就是挑食。

人的味觉也和其他各种感觉一样，基本上是通过０～３岁之间的训练所决定的。有人提出荒谬的言论，认为可以像给小狗或马喂食似的只要给幼儿吃营养丰富的食物就行了，不用考虑味道的多样性。的确，幼儿不会像大人一样说“这道菜真好吃”或“做菜的水平提高了”之类的话。但是从培养孩子的味觉这方面来看，母亲平日里也可以做一些家人并不喜欢吃的菜，以此来给幼儿调配多种味道的食物，使孩子的味觉得到均衡发展，防止孩子养成挑食的毛病。

在孩子 3 岁之前对其进行味觉训练是十分重要的，这一点从插图画家真锅博先生儿子的事例中也可以看出。据说真锅博在孩子 3 岁时常给孩子买汤面吃，以此来让孩子品尝不同的味道。后来，这个孩子可以做到完全不考虑面馆的名气大小和价格高低等因素，就能找到真正美味的面馆。

57. 幼儿的时间观念来源于有规律的日常生活

与我们成长的年代不同，现在这个时代可以说是真正的电视时代。尤其对于孩子们来说，无论电视的存在是好是坏，没有电视的世界是完全不能想象的。家长们如果不了解自己孩子常看的电视节目中的故事情节或主人公的名字，那么与孩子在一起时就没有共同语言了。

对于尚未形成时间观念的幼儿来说，电视就像是准确报时的时钟。例如，这个节目一开始，就意味着爸爸该去上班了；这个节目结束时，孩子就知道爸爸很快会下班回家了；那个人出现就说明已经到了该睡觉的时间了，等等。像这样有规律的、定时播放的电视节目，能为幼儿时间观念的形成打下基础。

一般认为，婴幼儿只能意识到现在，而对过去与将来没有清楚的意识。据说，幼儿只有到了二岁半左右能自己讲话时，才开始明白“前天、后天、明天、今天”等概念的含义。也就是说，在婴幼儿能理解并能自如地运用语言之前，他们还没有形成明确的时间观念。但是，事实上在此之前，婴幼儿从每周连续播放的电视节目中，就已经大体掌握了过去、现在、将来这些复杂的时间概念。

电视节目有规律的播放时间比我们早晨起床之后吃早饭、父亲下班回家之后吃晚饭等习惯性的生活时间要准确得多。而这种规律性，正是培养婴幼儿时间观念的一个重要因素。

这种规律性有必要在婴幼儿的日常生活中进一步地推广和运用。为了培养孩子的时间观念，不管是喂奶还是吃饭，家长都应该严格规定时间，有规律地进行。

有些母亲在孩子还不会数数，也没有数的概念时就教他们如何看表。但由于幼儿对于钟表不熟悉，所以无论如何也理解不了表针的意义。比如，父母指着时钟的表针对幼儿说："你看，都8点了，该睡觉啦！"这时幼儿并不理解8点意味着什么。对于幼儿来说，并不是因为到了8点就应该睡觉，而是因为天黑了、自己困了所以才睡，只不过天黑的时间正好是8点而已。这种有规律的生活可以为幼儿理解时间这一抽象的概念打下基础。对于幼儿来说，每天的生活就是时钟，而不规律的生活无法使孩子形成准确的时间观念。

58. 新闻节目有助于孩子掌握标准的语言

有一位母亲曾经告诉我说，她为了让自己 2 岁的孩子掌握标准的普通话，每天都会让孩子收听广播或收看电视上播出的新闻节目。

也许有人会说，新闻节目对于大人来说都有一定难度，更何况是不会说话的孩子呢，让他们听新闻是没有任何意义的。其实，让孩子听新闻的目的并不在于让他们理解新闻的内容，而是通过让他们听普通话的标准发音、语音、语调，使其对普通话有个大概的了解，以此来掌握标准的普通话。

仔细想想，日本人在学习外语时似乎非常认真、重视，研究了许多有效的学习方法，但是，他们对于最重要的母语，却表现得满不在乎，放任自流。很多人常常傲慢地说："真是荒唐，如果连自己的母语都说不好，那像什么样子？"实际上，即使是这些自信满满的人，也没有掌握好自己的母语。他们并没有意识到自己发音很怪、语调也是错误的。

当然，他们奇怪的发音和错误的语调，是由各自成长的环境所造成的。而且，正如我反复强调的一样，他们长大之后，这种发音与语调已经根深蒂固，即使发觉了自己的毛病，想要纠正过来也是十分困难的。而且，父母养成的这种语言习惯还会传给自己的孩子，接着孩子又会传给下一代。如此反复下去，会使本来就显得有些杂乱无章的日语变得更加混乱。

我想，如果能使孩子的大脑中形成规范的语言模式，那么，无论日语多么混乱，孩子也能做到不受新词汇与流行语满天飞的环境的影响，自如、正确地运用日语。

从这种意义上来说，让孩子反复听受过严格的普通话训练的播音员的播音，是一个能让孩子掌握标准普通话的有效方法。

59. 看电视广告对孩子也有好处

对于现代人来说，电视是必不可少的。但是，不可避免地会遇到一些问题，虽然电视也有能让人放松身心、休闲娱乐等作用，但是从教育的观点来看，除了教育节目、新闻节目、资讯节目之外，其他类型的电视节目都是人们批评的对象。就连“Wide Show”(放眼看天下)等这类能开阔眼界的节目都备受大家非议，更不用说那些播放时间很长的各种商业广告了，大家都认为毫无教育意义。

但是，我正是从教育观点上出发，才希望大家能够重新对商业广告的价值进行评价。当然，我这么说，并不是让孩子们从那些竞争激烈、辞藻华丽的商品广告中了解现代社会的现实、资本主义的冷酷，掌握广告制作技术和自我宣传推销的技巧等。我想，家有幼儿的大人们一定已经注意到了孩子对于商业广告有着异常浓厚的兴趣这一现象，因此，我希望家长们能够正视这一现象，重新进行考虑。

商业广告之所以如此吸引幼儿，我想大概有两方面的原因。其一是因为商业广告翻来覆去地重复播放；其二是因为商业广告的表现方法直截了当、简单凝练，避免了冗长、复杂的措辞。当然，这两个特点不仅表现在电视广告中，也表现在电台广告及报刊广告里。不过，之所以电视商业广告具有特殊的地位，其秘密在于电视广告把图像视觉效果与音响效果融为了一体，因而具有了特殊的魅力。

以上这些电视商业广告所具有的重复作用、直截了当的图像视觉效果及音响效果等特点，确实与幼儿的模式认知能力有直接联系，有助于其能力的提高与发展。前面提过，在美国有一档非常受欢迎的电视节目叫作“芝麻街”。据说这个节目就是从很多方面借用了商业广告的一些手法制作出来的，所以它受到了人们的高度评价。

的确，电视商业广告之所以能在短则5秒钟、长不过3分钟的简短时间里产生这么好的效果，原因就在于它那极为凝练的表现手法之中，出人意料地蕴藏着可以吸引幼儿兴趣的因素。

我在前面之所以说希望大家能重新对电视商业广告进行评价，原因就在于此。幼儿即使看到一些大人觉得不堪入目的广告，广告的内容也并不会让孩子产生什么不好的念头。

年少只觉良药苦，养儿方知父母亲。

——唐衣橘洲

60. 自幼学和弦，孩子乐感好

我们在看外国电影时，常会看到全家人或同事们在一起轻松愉快地放声歌唱的镜头，他们大多都是没有受过高等音乐教育的淳朴农民或牛仔，虽然都是即兴唱出的曲子却能和谐地交融在一起，汇成自然优美的和音。我们日本人虽然都接受过初级音乐教育，也认识乐谱，却无论如何也唱不出那种和谐优美的和声。

当然，在这里我完全没有评论西洋音乐与日本音乐孰优孰劣的意思。我只是觉得，日本的音乐环境自古以来就缺乏这种把几种音重合在一起的和弦音乐。关于这一点，大家只要回想一下日本的民谣或日本的传统音乐就很容易理解了。而且，日本的音乐教育一直以来都是以教授旋律为主的单音音乐曲调为起点。我认为，这种教育中也夹杂了大人的某种偏见，即：和弦音乐对于幼儿来说太难了，所以应该从单音教起。

不过，对于幼儿来讲，与其教他们一个个单音，倒不如先让他们听“哆、咪、嗦”与“哆、发、啦”的和弦音，让他们分辨两者之间的差异，这样更容易养成乐感。在前面我反复强调，从某种意义上来讲，幼儿的大脑更容易记住那些已经构成了一种模式的事物。就连图形，如果想要构成一种模式，仅有单独的点或线是不行的，必须将点或线这些基本的要素组合在一起，使之具有鲜明的特征。

音乐也是如此。只要把一个个单音组合在一起，幼儿就可以直观地把握单音之间的相互关系，并通过这种关系，更清楚地认识单音本身所具有的特征。因此，我认为，只有通过这种教育才能培养幼儿形成成年之后难以养成的绝对音感。

61. 音乐教育可以提升孩子的专注力

这是上千名儿童在世博会的联合国日演奏小提琴的情景：演出开始的时间是11点，但绝大部分的孩子，甚至包括三四岁的幼儿几乎在8点之前就来到了会场。他们不顾天气的寒冷，端端正正地站在那里等待着演出开始。在这样寒冷的天气里，即使是大人一动不动地站上30分钟也会冷得受不了的，这些孩子的表现真的让人钦佩不已。

当然，我不赞成孩子从小时候起就应该像个大人似的成熟稳重。孩子还是要有孩子的样子，活泼开朗一些才好。但是，我希望大家注意的是，活泼并不意味着调皮捣蛋或是自由散漫。人一旦养成了自由散漫的性格是很让人头疼的，会使人无法集中注意力，无论干什么都会马马虎虎、半途而废。再者，白白地浪费大把时间，终归难成大器。

与此相反，注意力集中的孩子就有所不同，他们在任何方面都能自然地具备出色的能力。例如，我常听到人们说“学音乐的孩子都很有礼貌”。一说到“懂礼貌”的孩子，人们往往认为他们是在父母严格的训练之下成长起来的，都是很认真、死板、无趣的孩子，实际上并非如此。他们并不是看到父母的脸色才做出一本正经的样子的，而是非常自然地把注意力集中到某个对象上面。因此，他们在学习时，花费同样的时间，达到的效果却比别的孩子好得多。这样一来，他们的自由活动时间也就多了起来。而且，他们在玩的时候也会非常专心，不管是当孩子头还是打仗游戏，抑或是玩棒球接球游戏都能玩得十分投入。

我曾经对铃木小提琴教室的孩子进行过一项跟踪调查，几乎所有的母亲都这样对我说："很不可思议，我家孩子就从来没有为准备考试下过功夫""回家之后他只知道和附近的孩子一起玩，考试成绩却总是很好"。这都是那些因作业和考试而焦头烂额的孩子们所梦寐以求的事情。以往，人们往往会觉得学习成绩好的孩子都是一些弱不禁风的书生形象，但我上面提到的孩子却个个活泼开朗、头脑聪明。

《论语》曰"成于乐"，意思是说，音乐可以陶冶人的性情与情操，使人的性格达到尽善尽美的地步。正如学习小提琴、音乐需要反复训练，而在这种反复训练的过程中，孩子对事物的注意力可以得到提升。因此，可以自然而然地得出一个结论，即：音乐对于人们性格的形成具有极其重要的作用。

62. 音乐教育可以发展孩子的领导力

音乐教育除了上一节提到的能够提升幼儿的注意力的作用，还有一个很好的作用，那就是能够培养孩子凝聚众人的能力，也就是所谓的领导才能。一提起领导才能，人们往往会产生一种错觉，认为领导能力和集体指挥能力都是大人们的事情，与幼儿无关，而且这种能力的形成也是在成年之后，幼儿尚不具备能力形成所需要的条件。实际上，领导才能的形成时期比人们想象的要早得多。比如，把几个孩子放在一起，其中肯定有一个孩子会成为另外几个的头头。

心理学家山下俊郎博士在《幼儿心理》一书中指出，具有领导品格的孩子一般具有两个特点：其一，即使身边有其他孩子在场，他的想法和想要做的事也不会为其所影响；其二，无论是做游戏还是干什么事，他总是能想出新点子，提出新想法，带头领导其他孩子去做。显而易见，这种能力归根结底也来源于前面所讲的孩子通过音乐教育所养成的注意力和创造力。由此看来，铃木老师的小提琴教室中培养出来的孩子，都不是弱不禁风的娇弱形象，而大多数是精力充沛的孩子王，也是理所当然的事情。这样的孩子将来走向社会，便能很好地发挥其领导才能，成为社会所需要的人才。

铃木老师的爱徒丰田耕儿先生就是一个极好的例子。丰田先生是全世界最著名的管弦乐队之一——柏林交响乐团的首席小提琴手。首席小提琴手是整个乐团的代表，是一个需要具备优秀领导才能的职位。另外，除了丰田先生以外，铃木老师的小提琴教室还培养出了好几位在世界一流管弦乐团演奏的小提琴家。他们大多是只有三十来岁的年轻人，却能和语言、风俗习惯、气质均不同的来自欧美的音乐家们一起演奏。

63. 音乐教育有可能提升孩子的颜值

有趣的是，作为幼儿教育的方法之一，音乐教育还有一个令人意想不到的作用，那就是音乐教育甚至可以改变孩子的长相。一般来说，人的长相与血型、眼睛的颜色一样，完全是由遗传决定的。这已是为科学研究证实了的一个不可动摇的事实。

不过，你也许会凭你的经验发现，人的相貌似乎会随着个人的成长经历发生改变。当然，要使眼睛由小变大、鼻梁由低变高，不做整容手术是无法实现的。但是，脸部整体给人的感觉、神态却无须经过整容就可以发生很大的变化。

在幼儿时期就开始听音乐和学习音乐的孩子，其容貌和神态会出现明显的变化。这一话题，在最近幼儿开发协会举办的“母亲研究小组”会议上引起了热议。参加会议的母亲们都抱来了自己刚出生不久的孩子。一开始，所有婴儿的长相与神态都与普通的婴儿一样。然而，在他们听了 4 个月莫扎特的小夜曲之后，他们的长相和神态都发生了很大变化：与普通孩子相比，他们的表情和动作显得更加活泼，眼睛也更为有神。

关于这一现象，著名音乐评论家、魅力学专家丸尾长显先生曾给我来信，他在信中意味深长地写道：

“对于‘音乐’的伟大作用，我也做过很多研究，深有体会。凡是比较细心的母亲都会注意到婴儿的相貌在‘二战’后发生了很大的变化……我认为有三点原因：①母亲的文化素养提高了；②营养状况比以前好了；③‘音乐’的刺激比比皆是。当然，出生后 1 个月的孩子，不可能通过语言的交流来提升文化素养，他们只能通过收音机、电视剧及立体音响设备接受音乐刺激。这就是婴儿听音乐的证明。”

关于这一点，丸尾先生还讲到，他曾作为评审员参加过一场音乐节目。在节目中，他发现对于不同风格的音乐，听众们的表情有着明显的变化。也就是说，听众对于同一种风格的音乐的表情几乎是一样的。虽然无法断言是音乐使听众的表情发生了改变，还是表情相似的听众对音乐有着同样的爱好，但这的确是一个很有意思的发现。另外，听说丸尾先生还从“音乐可以造就美人”这一观点出发，正在提倡人们做“音乐浴”。所谓“音乐浴”是指，人可以通过置身于音乐的环境中使自己变美。这种想法与前面所讲的“成于乐”的思想是一脉相承的。

第六章

游戏是最好的教育方式

64. 背诵富有韵律的诗歌，可以增强幼儿的记忆力

转眼冰雪消　春意悄悄上树梢　鸟儿喳喳叫
风吹树枝摇　落叶翩翩到处飘　猫儿伸爪挠
边爬边又笑　今天早晨真热闹　孩儿两岁了

上面三首俳句（译注：日本独有的短诗型文学形式，有17音节，以5、7、5的三个固定形式的句子组成，其中包含季语）均出自江户末期俳句诗人小林一茶之笔。在才能教育实验室的幼儿园里，常使用这种浅显易懂、富有韵律的诗歌来提高幼儿的记忆力。

之所以选择俳句主要有两方面的原因。首先是因为俳句作为一种诗歌短小精炼，有一定的韵律，容易记忆。第二，考虑到“让孩子记忆的东西，必须是有益于幼儿心理发育，优美高雅、有记忆价值、幼儿能够欣赏的东西”。

幼儿园每天让孩子背一句小林一茶的俳句，并且在孩子背诵记忆的同时给他们讲所背“俳句”的背景故事，以此来激发孩子对俳句的兴趣。接着，第二天先让他们复习前一天的内容，然后再教一首新的俳句。像这样每天反复背诵记忆，孩子便能记住前面所学的所有俳句，使孩子在感到愉悦的同时能轻轻松松地增强记忆力。在这样练习的过程中，第一学期反复练习十几遍都记不住的孩子，到第二学期时练习三四遍就能记住，而到了第三学期时仅需背诵一遍就能全部记住。据说，基本上只用一年的时间，孩子们就能记住170首小林一茶的俳句。

关键在于反复练习。偶尔记不住也不要灰心，再复习一遍就好。经过这样的训练，孩子对于1 000字左右的故事只要听上四五遍，

就能完全记住。

话虽如此，一定会有人感到疑惑，他们会问：让这么小的孩子背诵一茶的俳句有什么用呢？最初，我也曾反对过这种以背诵记忆为主的教育方法。但是，后来我认识到，让孩子背诵俳句，其目的并不在于让孩子记住那些俳句，而是要通过这种背诵训练来开发幼儿的智力，培养他们的创造能力和思维能力。让孩子背诵俳句只不过是一种实验性的方法。

无论是唐诗还是宋词，只要孩子感兴趣，就可以让孩子背诵记忆。在幼儿的大脑中有一个能够记住一两百首诗句的记忆装置。如果这种记忆装置放置不用的话，就会渐渐地“生锈”“钝化”；反之，越使用，这种记忆装置运转得就越灵活，其容量也就越大。

应该在孩子喜欢重复的这一时期内，运用一切手段来增强幼儿的记忆力。到下一阶段，幼儿记忆力形成之后，则应尽力避免使用让孩子死记硬背的教育方法。

65. 在孩子的幼儿时期，应该尽量只让他们接触有价值的真品

据说在过去，古玩店的老板为了训练店里的伙计，从一开始就只让他们接触价值连城的真品。在大概半年的时间里，伙计每天看到的都是真品，自然而然地练就了辨别真品和赝品的好眼力。大概是头脑中形成了对真货的识别能力，所以后来伙计能做到一眼看破真货同赝品的微妙差别。

古玩店老板这种训练伙计的方法也非常适用于教育幼儿。因为幼儿的大脑宛如一张白纸，如果在孩子小的时候，总是让他们看“真品”的话，那么，在他们的大脑中就可以形成对“真品”的模式认知，长大以后也不会接受低劣的事物；相反，如果总是让他们看“赝品”的话，他们的大脑中就会形成对“赝品”的模式认知，长大以后会难以接受高雅的事物。我在前面所提到的那个说话带东北口音的孩子的例子，就清楚地说明了这一点。

当然，什么东西是“真品”，什么东西是“赝品”，不是那么容易就能做出判断的，事物的价值必须由父母来作出判断。但是，父母其实并没有必要为此下太大的功夫，因为自古以来，人们已经对优秀的音乐和绘画作品做出了评价，那些不就是所谓的“真品”吗？

我想说的是，不要因为婴儿什么都不懂，就给孩子看那些充满低俗色彩的绘本。无论是马蒂斯的画也好，毕加索的画也好，只要父母认为是优秀的画作就应该给孩子看；无论是贝多芬的曲子也好，莫扎特的曲子也好，只要父母认为是美妙的音乐，就应该让孩子去听。

像这样，如果孩子大脑中形成了好的模式，那么，孩子渐渐地就能自己评价绘画或音乐，并选择出自己所喜好的。有的孩子喜欢

古典音乐，当然也有孩子对流行音乐感兴趣。

社会上有许多母亲认为流行歌曲低俗，在听到孩子只唱流行歌曲时，就会训斥孩子，不许他们听也不许他们唱。但是，孩子从出生起就听着流行歌曲长大，理所当然地会对流行歌曲感兴趣。因为他们头脑中只形成了流行歌曲的模式，所以，当然不具备选择好的音乐的能力。到了这个地步，再想让孩子听好的音乐为时已晚。这里提到的音乐与绘画只是其中一个方面的例子，任何事情，只要在孩子幼儿时期打好坚实的基础，对孩子的将来就大有益处。所以，我希望父母能够对孩子尽早展开教育。

66. 有了某方面的专长，孩子就会对学习其他一切充满信心

我在第一章中也提到过，对孩子进行音乐、汉字、外语等方面的教育，都不是为了把孩子培养成那些领域的天才或是专家，而是为了促进幼儿大脑的整体发育。当然，最好还是从多方面对孩子进行培养。

不过，从某种意义上来讲，熟练掌握某种技能会有助于掌握其他的技能。也就是说，如果孩子有一技之长，那么，无论做什么事情，孩子都会自信十足。

对于这一点，有无数的例子可以证明。例如，铃木老师的小提琴教室里有一个刚满三岁的小男孩。一开始，不知道出于什么原因，这个小男孩总是动不动就哭，而且说话的发音与其他孩子相比也有些奇怪。他总是缩在跟着一起来的母亲的背后藏藏躲躲，不肯出来。让他拉小提琴他也不肯，只会在那里呜呜地哭。据说，住在他家附近的那些顽皮的孩子们常常会因为他说话奇怪而嘲笑他，把他惹哭，并且会孤立他，不跟他一起玩。在铃木老师的巧妙引导下，一两个月之后他终于开始试着拉小提琴，经过半年左右的时间，他的演奏就不逊色于其他的孩子了。

特别是在拨弦的指法技巧上面，他展现出了非凡的才能。从此，他树立了自信心，练习小提琴时也更加刻苦认真。同时，在生活中，他的性格也变得活泼、幽默起来。据说他还常在比他年长的学生面前装作担任指挥的样子，回家之后也能与附近的孩子们玩在一起，甚至当上了孩子们的头头。另外，他说话发音古怪的毛病也纠正了过来。

不仅幼儿时期，类似的例子还发生在我的学生时代。有一个男同学不喜欢其他的学科，唯独喜欢学英语。他的英语一开始也是一塌糊涂，但是他每天埋头苦学，背诵单词，最后终于取得了优异的成绩，在英语这门学科中班里无人能及。借着这个势头，他又开始猛攻其他几门学科，均取得了出色的成绩。特别是在外语会话方面，人一旦有了自信就会产生兴趣，因而才能进步神速。类似的例子数不胜数。

就连大人都是如此，更何况无忧无虑的婴幼儿呢。只要能让他们树立自信，他们的才能就会得到充分的发展。

67. 扑克牌记忆力游戏可以培养孩子的思维能力

在日本，有一种扑克牌记忆力的游戏。游戏规则是：把扑克牌反面向上摆好，两个人轮流，每个回合一个人翻开两张牌，如果两张牌数字相同，就可以拿到自己一边，如果不同就再把牌反面向上在原位放好，最后看谁拿到的牌多谁就获胜。乍一看，游戏很简单，但是，一旦玩起来就没有那么容易了，大人有时也会败在二三岁的孩子手下。

不信的话，就请各位家长试着与孩子玩一次。开始，你们也许会认为玩这个游戏，不需要任何技巧，只靠记忆力就足够了，因而洋洋自得，自以为肯定会赢。但是，玩不了多久你们就会发现自己根本拿不到多少牌。“从右边数第三张与从上面数第四张一样”“左上第二张数字为二”，像这样本来记住了这些牌的位置，可是，过了几个回合之后大脑就全乱了，分不清哪张牌在哪个位置，只能瞎蒙乱猜，最后输给孩子，被孩子耻笑。

与大人玩得焦头烂额相反，孩子能毫不费力地一次又一次把成对的牌取走。家长们的记忆力似乎不比一般人差，而孩子的记忆力也并非特别出类拔萃。那么，到底是出于什么原因导致了大人和孩子玩这个游戏结果如此悬殊呢？我们仔细观察一下就能明白其中的奥秘。原来，孩子并不是把每张牌的位置都死记下来，而是把所有牌的位置作为一种模式记在脑子里。也就是说，他们每翻一张牌，都会把其作为一个图像记忆下来。这就是我反复强调的婴幼儿具有出色的模式认知能力的一个典型的例子。而大人只是单纯地死记每张牌的位置，因此，会输给孩子也是必然的结果。

这种模式认知记忆的能力是婴幼儿的一个出色的才能，恐怕大人是模仿不了的。这种模式认知记忆的特点是准确迅速地抓住每个图像的特征加以记忆，因此可以说是一种最为有效的记忆方法。

举例来说，如果幼儿记住了某种车的型号，那么，当孩子看到这种车在马路上行驶时，就能马上准确地说出这是哪国制造的哪种型号的车。因为幼儿是将其作为一种模式来加以记忆的，所以他们能够毫不费力地记在脑子里。

像这样，幼儿能够在做游戏、听音乐的过程中自然而然地开发智力、提升水平，我们家长只能起到一种协助作用。与孩子一起做游戏、听音乐、画画等无意识的行为，都能对孩子的未来产生极大的影响。

68. 抓住时机，尽早地把铅笔和蜡笔递给孩子

婴儿出生后8个月左右，便能将大拇指与其他四根手指区分使用，运用自如地抓住东西。这个动作在我们大人看来并不算什么，但这其实是婴儿智力发育健全的最好证明。在这个时期，婴幼儿会弄坏东西、翻乱玩具箱等，做出一些让母亲不知如何是好的事情。从某种意义上来讲，在这一时期，婴幼儿已经开始产生了自我表现的欲望。

这时，作为母亲最重要的任务就是要知道婴幼儿到底想要表达什么，满足孩子发自内心的欲望，以此来培养孩子的创造能力。

如果给婴幼儿铅笔或蜡笔，他就会拿着乱写乱画、四处涂鸦；如果给婴幼儿一张纸，他就会在上面画出歪七扭八的线条，或是“哗啦哗啦”地撕着玩。事实上，即使是在我们看来毫无意义的一条线，也是孩子们表现自我的一种形式。

但是，父母往往会在不知不觉中压制孩子难得产生的积极性。他们总是把自己的观念强加给孩子，如：“蜡笔应该这样拿才对”“苹果是红色的”“圆圈应该这样画”；或者总是不允许孩子做这个、不让孩子干那个，例如：“不许捅破拉门！”（译注：日本的拉门是在拼成格子的木框单侧糊上白纸制成，用于居室采光或间隔房间等）“不要到处乱扔纸！”“不能用蜡笔在桌子上画画！”，等等。

我在走访有婴幼儿的家庭时，经常看到有的家里面收拾得干干净净，连一点碎纸屑都看不见。一般遇到这种情况，人们总会对孩子的母亲赞不绝口，佩服她有了孩子还能把屋里收拾得整整齐齐。的确，从早到晚要忙着照顾孩子，还能把家里收拾得干干净净，这的确不是一件容易的事情。但是，事实上这样做会磨灭孩子的创造热情，事情的严重性不可忽视。

据说，像涂鸦、乱翻东西、撕纸等使用手指的动作，可以促进孩子的智力发育，丰富孩子的创造能力。如果是这样的话，那么，尽早地让孩子使用铅笔和蜡笔会产生的积极作用就很显而易见了。

但是反过来，如果父母给了孩子铅笔或蜡笔，却对于孩子如何使用加以限制，说这样不行、那样也不行的话，还是会使孩子丧失积极性。我想，严格的教育与扼杀孩子的创造热情这两点似是而非，就不用我再多说了吧。

蟋蟀低唱静悄悄，亲子夜谈无睡意。

——岛木赤彦

69. 给孩子固定尺寸的画纸只会把孩子养成固守成规的人

幼儿开发协会创办的杂志《幼儿开发》的连载访谈栏目刊登了对插图画家真锅博先生的采访。他与我们一样，对目前幼儿教育的现状极为不满。正如我在前面介绍过的那样，真锅博先生针对幼儿教育这一问题已经面向社会发表了很多重要的讲话，并提出了各种各样的意见和建议，内容十分尖锐、直击要害。也许是他从事插图画家这一特殊职业的关系，他特别提到了孩子刚开始画画时父母应该注意的问题，使我受益匪浅。

他说："首先应该知道孩子想画多大的画，再给孩子准备多大的画纸。"然而，父母、幼儿园以及托儿所的老师们所给的画纸全都裁剪成同样的大小，而且，在幼儿园等地方，画纸都是由老师们事先放在每个孩子的桌上，幼儿无法根据自己的喜好自由选择纸张的大小。

父母和老师的这种态度，与我前面提到的类似于"因为孩子还小，所以只能教他儿歌或所以只好给他读童话听" 这些偏见如出一辙。我认为，如果只给孩子固定规格的画纸，会使孩子在不知不觉中形成一种固定的观念。他们会认为"画画就应该画这么大，只要在这方小小的世界里画画，爸爸妈妈就会高兴，老师也会表扬我"，然后，他们就会在这种观念的束缚下长大成人。

当孩子第一次拿起蜡笔或画笔时，或是当他们发现随着自己手的移动，蜡笔或画笔可以随意在雪白的纸上留下痕迹时，他们的头脑中便已经描绘出了一个父母想象不到的广阔世界。

孩子所想象出来的世界，远远超出有限的画纸的范围。因此，如果可能的话，父母最好为孩子准备一张足够大的纸，让孩子能够趴在上面来回爬着画。从小受到各种限制的孩子，将来决不能长成具有创造力和生命力的人，无法肩负起下一代的伟大使命。给孩子固定尺寸大小的画纸只会把孩子养成思想僵化、固守成规的人。

背诵②——从兴趣入手是关键

我们应该在背诵能力较强的时期更彻底地、更广泛地记忆知识。

人一旦明白事理之后，就会逐渐变得不擅长背诵记忆。

但是不论是汉字也好，外语单词也好，抑或是化学方程式，如果忽视其含义只是死记硬背的话，连入学之前的孩子也能轻松做到。只是，重要的前提是首先要让他们对自己所记忆的东西产生兴趣。

（一九八七年十一月）

70. 玩具太多，容易使孩子养成散漫的性格

提到玩具，有一点让我有些担心。那就是，日本的父母似乎给孩子买的玩具有些太多了。我常常在商店的玩具专柜或玩具店前看到一些孩子哭着闹着要买玩具。很少有父母会果断拒绝，只要孩子一哭闹，父母马上就会投降给孩子买下来。

而在同样的情况下，外国的父母就不这样做。他们绝不会因孩子哭闹就给孩子买玩具。在外国家庭里，似乎除了孩子的生日和圣诞节，父母一般不会给孩子买玩具。而且，也很少看到有大人带孩子去玩具店。因为，在他们看来，如果孩子想要什么就尽数给他，这种做法绝不是父母爱孩子的表现，反而会给孩子带来不好的影响。

有时候，我也会为了哄小孙子开心，给他买玩具，孩子的母亲经常因此而责备我。因为给孩子买玩具而被责骂，这听起来似乎有些荒唐可笑，但是，看一看国外父母们的做法，就能认识到这种做法终归是不好的。

许多心理学家的研究表明，如果给孩子过多的玩具，会导致孩子性格变得散漫。也就是说，给孩子过多的玩具，会使孩子养成见异思迁的性格，兴趣不断地发生改变，难以专一。我认为，只要给孩子一个玩具就够了，哪怕是一块木片也好，一个瓶盖也好，这些东西也许比商场的玩具专柜在售的价格昂贵的玩具更能吸引孩子的兴趣，孩子会为了更有趣地玩这个玩具而开动脑筋，想尽各种方法。

我认为，作为父母的首要任务就是培养孩子的创造精神，使孩子养成动脑筋的习惯。如果孩子想要什么就可以得到什么，被各种各样的玩具所包围，也并不意味着孩子就是幸福的。俗话说：“过量

饮酒必伤身。”同理，我觉得给孩子太多的玩具也会对孩子有害，会导致孩子性格变得散漫。

可惜的弃权

虽说教育越早开始越好，但是目前的状态是很多家长都放弃了这个“从早开始”的权利。

若是放任不管、任其自由发展的话，孩子“胎儿时期”或者“刚出生时”的学习能力也会日渐下降。最为典型的就是与耳朵和声音有关的学习能力，此外，体育细胞、艺术细胞以及以汉字为代表的模式记忆能力，如果从孩子6岁才开始培养的话就彻底晚了。

（一九八八年一月）

71. 把房间收拾得过于井井有条反而不利于孩子的成长

前几天，我读了日本著名作家坂口安吾（著有《堕落论》）的妻子所写的一本书，书中写到，安吾把自己的房间堆得乱七八糟，连个下脚的地方都没有。每次妻子想帮他打扫房间，他都会大发雷霆，甚至会动手把妻子打得浑身瘀青。

不仅仅是安吾，还有很多作家、艺术家等从事创作的人，他们的房间大多都杂乱无章，令人不可思议，简直就像是杂货店一样零乱。我想，这一定同他们丰富的创作活动脱不开干系。从某种意义上来讲，他们的所见所闻都会激发其想象力，产生创作的灵感。

我之所以说到这一点，是因为很多把孩子照顾得无微不至的母亲总是要把孩子所处的环境收拾得井井有条。的确，婴儿从刚会爬到学会走路的这一段时间内，总是做出一些让人看起来很危险的事情。他们不是把花瓶打翻，就是用嘴去咬电器上的电线，抑或是跌倒在自家大门口的水泥地上。做母亲的总是担心自己的宝贝孩子会遇到什么不测，所以要把东西都收起来，想方设法地让孩子远离所有的危险，这也情有可原。

但是，如果把孩子周围的一切都收起来，或者只让孩子接触一些不带棱角的，而且不易碎的坚实牢固的东西，又会对孩子产生什么影响呢？

前面提到的蒙台梭利女士说：“孩子处于婴幼儿时期时，即使是用手触摸东西对他们来说也是一个宝贵的经历。从这种意义上来讲，家长应该有意识地给孩子一些或粗糙，或尖锐，或沉重，或轻便的东西让他们感受，给予他们多种多样的刺激。”婴幼儿对于周围的一切都会感到稀奇，他们常常会很感兴趣地动手去触摸、去摆弄，有时会把东西推倒、撕破，或是故意搞坏，这些都表明孩子具有无限的探索精神以及丰富的创造能力。

正如杂乱无章的房间能给艺术家们带来新的灵感一样，那些大人们眼中毫无意义或是带有危险性的东西也能够激发孩子的想象力，促进孩子的大脑发育，提升孩子的创造能力。

房间里杂乱无章，有时婴幼儿还会因倒下来的花瓶砸到头而哭泣不止。但是，对于婴幼儿来讲，这些事情都是十分宝贵的体验。

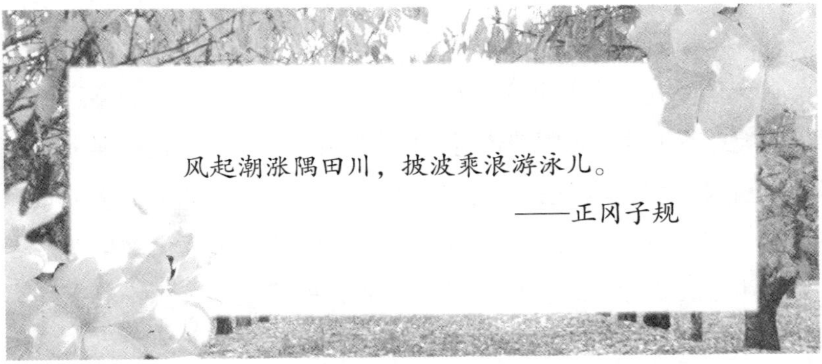

72. 破坏秩序感，会使孩子的内心受挫

在上一节中，我讲了如果把房间收拾得过于井井有条会不利于孩子的成长。但这也不是说父母就能懒散地把屋里的东西随处乱放，不收拾房间。我在前面多次讲过，幼儿具有出色的模式认知能力。他们对实物的形状、颜色、所处的位置有着自己独特的感觉。正如幼儿的模式认知能力是通过不断地反复刺激才培养起来的，对于幼儿来说，如果某种东西一直放在一个固定的位置，毫无疑问会对孩子产生反复刺激的作用，在孩子大脑中形成一种秩序。

关于这一点，蒙台梭利女士和皮亚杰教授发表过许多真实的事例，来证明婴幼儿能敏感地感受到环境的变化。例如，有一个5个月大的婴儿躺在婴儿车里由母亲推着去散步，当他们路过镶有白色大理石板的黄色围墙边时，那个婴儿看到大理石时非常开心。因此后来，每当他们从那里走过时，婴儿看到大理石板都会目光炯炯，表现得十分高兴。除此之外，有的孩子仅仅因为他所熟悉的桌子上突然放了一把红色的太阳伞，就明显地表示不高兴。有的孩子仅仅因为母亲在抱着他洗澡时，由右手抱变成了左手抱，就会显得情绪异常激动。也有孩子仅仅因为椅子上的坐垫的位置发生了改变而哭闹不止。这些事例均表明，幼儿对于环境的变化格外敏感。

仔细想想，我们就可以发现，类似的事情在我们身边并不少见。可以说，婴幼儿毫无缘由地突然开始哭闹、不想吃东西或是发烧，大多都是因为婴幼儿敏感地感受到了那些我们大人没有注意到的环境变化的缘故。

环境发生了变化，换句话说，就是婴幼儿头脑中感受到的、认

定了的周围环境的秩序遭到了破坏。也就是说，能让自己感到舒服的秩序突然变成了让自己感到不快的秩序，毫无疑问婴幼儿一定会对此有很大的反应。

这样看来，我们可以发现，婴幼儿对秩序感的敏感程度远超我们大人。婴幼儿不仅对每个事物都有所认识，而且能够直观地认识事物之间的联系。这一认识与婴幼儿各种能力的发展有着很深的联系，具有很大的影响。我们必须极力避免大人因疏忽而做出的无心之举，以防使婴幼儿头脑中形成的独特的秩序感遭到无情的破坏。

73. 与其拿东西给婴儿看，不如去开阔婴儿的视野

一直以来，我都喜欢站在刚出生的婴儿睡觉的小床边，仔细端详他们的那一张张幼小的脸庞。让我感到不可思议的是，头部尚且无法自如转动的婴儿竟然能躺在床上看着什么地方。婴儿能看到多远先暂且不提，他们仰面向上躺着，视线所及之处只有平凡普通的天花板，或是蚊帐。偶尔会有大人突然探出头来，然后又一闪而过。

很多父母认为“这样可不行，得让孩子看些什么东西才行”。于是，他们就把能发出响声并且能骨碌碌地来回转动的玩具从天花板上吊下来，吊在孩子眼前，或拿着拨浪鼓在婴儿面前来回晃动。当然，不可否认这样做会给孩子一些良好的刺激，但是，仅仅这样做就够了吗？我不禁有些担心。

意大利幼儿教育先驱蒙台梭利女士在著作中也提到了我所担心的这一问题。

她在著作中写道：“婴儿在这一时期渴望获得感性印象。如果只让他们躺在床上，那么，他们的这种渴望就得不到满足。”大人们为了打破婴儿与世隔绝的孤立状态，使他们与外界有所接触，会故意地把脸伸到婴儿面前，让他们看见。但是，这时婴儿的视觉尚未发育完全，这种行为未免有些强人所难。确实那些渴望受到外界刺激的婴儿会尽力地用眼睛去捕捉他所要看的东西，但是，大人们不应该那么刺激婴儿未发育完全的视觉。

为了解决这个问题，我认为，应该稍稍把婴儿抱起来，使他以略微倾斜的姿势半躺着，以此来扩大他的视野。比起故意地去拿东西给孩子看，扩大婴儿的视野，让婴儿自己去观察外界，反而会取得意想不到的巨大效果。

74. 玩具不仅要美观，还要玩起来有趣

插图画家真锅博先生凭借细腻的笔触及别具一格的插画风格而闻名，为日本插画界送来一股新风。他针对幼儿教育这一问题，提出了很多独到的见解，并创造出了独特的教育方法，在自己的孩子身上付诸实践。真锅先生认为，孩子代表了未来，教育孩子就是最重要的事情。前几天，我去拜访他，在玩具这一话题上，他向我谈了谈他自己的见解。

他说："我绝不会给孩子买现成的玩具，只给他买一些需要自己动手组装才能玩的玩具。为此，孩子总是一边掉着眼泪一边组装玩具。他装不好的时候，也不会要求我们给他帮忙，会自己想办法去完成。不管怎么说，孩子知道如果自己不组装好就不能玩玩具，所以会拼命地去组装。"

我认为这种幼儿教育理论十分出色。与现代的一切都现成的教育不同，它能使孩子体会到"成功的喜悦"，这一点正是现代教育中所欠缺的。

无论你去哪一家玩具店，都可以看到色彩缤纷、各种各样的玩具。既有能发出声音的连环画式的绘本，也有像打字机一样一按就能打出字的玩具，从用于装饰的玩具到用于教学的玩具，琳琅满目、应有尽有。即使是我们大人看到，也会欢欣雀跃、情不自禁地为之着迷。每当看到这些玩具，我们大人就会想：买回去孩子肯定会喜欢。然而，我们花光身上的钱买回去的玩具，孩子过不了多久可能就完全不感兴趣了。

我想，像这种"父母的悲哀"，大概所有的家长都有过类似的体验吧。无论是幼儿也好，婴儿也好，对孩子来说，只能看一看、

动一动的玩具一点意思都没有。他们认为，和自己一点关联都没有的、已经组装好的玩具玩起来一点都不过瘾，无法使自己的创造热情得到满足。比方说，即使给孩子买来价格昂贵的电动汽车玩具，他们也只对拆分和组装汽车轨道感兴趣，对汽车本身没有兴趣。

前面提到的蒙台梭利的教育方法在欧洲非常盛行。因为孩子也属于社会的一员，所以面向孩子设计的玩具会贴近日常生活。例如，有各种或光滑或粗糙的容器、让孩子练习扣纽扣的东西、盖瓶盖的东西等各种日常生活中充满趣味的、利于生活教学的教材。听说，在德国波恩的一个家庭里，父母就亲手制作那种能练习扣纽扣的玩具给孩子玩。

我们大人一直以来似乎都对玩具抱有一种偏见，认为玩具不过是给孩子玩的东西而已。实际上，幼儿所感兴趣的，是与自己生活有紧密联系的东西以及能使自己体会到成功的喜悦的玩具，只有这样的教材才能让他们玩得过瘾，使他们内心深处涌出的创造热情得到满足。

75. 对于幼儿来说，书本不一定是用来阅读的，积木也不只是用来搭建的

在我们大人看来，书就是用来读的、看的，积木就是用来堆着玩的。但是，对于幼儿来说，并不是如此，书不只是用来看的，积木也不只是用来堆着玩的。

不仅仅是书和积木，大人对所有的玩具都按照自己的想法规定了固定的玩法。如果孩子不按照自己所规定的玩法去玩，家长就会有所不满，并会对孩子的玩法进行纠正，说“要这样玩才对”。但是，事实上不论孩子用什么方法去玩，只要孩子能够自己开动脑筋，玩得很高兴，玩的目的就已经达到了。如果按照大人的想法对他们加以限制，那么，最终只会扼杀孩子难得萌芽的创造能力，使孩子们失去玩玩具的兴趣。

以书为例，孩子有时会把它卷成圆筒状当作隧道玩；有时会将其作为画纸在上面画画；还有的时候拿来撕着玩。因此，如果单方面地限制孩子，告诉他书只能是用来读的、看的，倒不如一开始就不给他们书。我认为，即使不教给他们书是用来看的，随着孩子年龄的增长，他们也会逐渐明白，看书才是最有意思的，并对此产生兴趣。

对孩子来说，没有比那些已经组装好的、现成的、不能自己动手的玩具更没意思的东西了。无论价格多么昂贵的玩具，如果没有让孩子发挥创造力、开动脑筋的余地，那么，这个玩具对于孩子来说就价值不高。

大概父母们都有过这样的经历吧，初为父母时总是给孩子买大量的玩具，但是等有了第二个孩子的时候，好像就不怎么给孩子买

玩具了。我想这应该是父母认识到了如果根据自己的想法给孩子买玩具，孩子并不一定会喜欢这一事实。

对于幼儿来说，自己看得见的、摸得着的都是玩具，所以，家长根本没有必要让孩子玩现成的、不能自己动手的玩具，也没有必要让孩子按固定的玩法去玩。

不要错过时机

幼儿拥有一些随着成长而逐渐下降的特殊能力。然而，目前教育的现状在于对这些能力完全没有给予重视。

培养乐感和学习母语都有很明确的时机，而目前外语教育的现状是只着重于知识上的解释，所以当务之急是必须要正视、改变这种现状。我希望大家能在体育、艺术、性格塑造、直觉等诸多方面，从更深层次去挖掘它们的意义。

（一九八八年二月）

76. 橡皮泥、折纸、剪纸等简朴的游戏就能培养幼儿的创造能力

关于应该给幼儿买什么样的玩具这一问题，我在前两章提出应该避免给孩子买现成的、不能自己动手组装的玩具，给孩子的玩具不仅要美观，还要玩起来富有趣味性。那么，什么样的玩具才能满足上述列举的所有条件，最为合适呢？

仔细观察一下我们周围时，可以发现在我们身边很多人只把目光放在了最新开发的新型玩具上面，反而对传统的、简单的玩具视而不见。我认为，比起当下新上市的高级玩具，我们更应该重新认识那些传统的、简单的玩具。例如橡皮泥、折纸、剪纸等，这类玩具反而对孩子的成长发育更为有益。

总的来说，这些玩具具有一个共同点，即它们没有具体的形状和意义，可以说只是一些没有经过加工的原材料。也就是说人们可以通过自己动手将它们做成各种形状的东西。

因此，对于大脑正在迅速发育的幼儿来说，这些玩具超越了幼儿成长的程度和阶段的局限，能给幼儿的成长发育带来很好的影响。

比方说，对于不满一岁的婴儿，家长可以给他们橡皮泥、折纸等玩具。由于年龄尚小，孩子并不会有意识地把这些玩具做成什么特别的形状，而是会无意识地摆弄橡皮泥和折纸。不过，虽然他们只是无意识地随手摆弄着玩，手中的橡皮泥和折纸的形状却有所改变。在婴儿看来，这些玩具的形状与原来完全不一样了，他们会感到十分新奇。对婴儿来讲，这是一种非常宝贵的体验。

最初，幼儿只是对物体的变形或用手捏橡皮泥和折纸之类的事情感兴趣。他们的大脑会对这种兴趣和快感加以记忆，从而使得他

们会反反复复地摆弄这些玩具。然后，幼儿会直觉领悟到自己的手的动作与橡皮泥、纸张的形状改变有一定的联系。

这时，孩子就不再满足于只是将橡皮泥捏碎，或把纸折皱、撕碎等，而是把橡皮泥捏成扁圆的形状，将其称为“盘子”；或是把纸的边缘稍微折一下，将其称为“小船”。这种现象表明，这类玩具适用于幼儿的各个不同的成长阶段，随着孩子的成长发育，幼儿可以从制作最简单的东西发展到制作极其复杂的东西，具有满足孩子各种要求的灵活性。

比起没有玩过橡皮泥的孩子，从很小就开始玩橡皮泥的孩子所做的东西明显复杂得多。这不单纯是习惯或喜好的问题，可以说，是否玩橡皮泥和折纸，直接关系到幼儿的智力发育和创造能力的培养。同时，玩橡皮泥和折纸，还可以增强孩子的动手能力，培养孩子对事物的表现能力。

77. “演戏”有利于提升幼儿的创造能力

在前面几节中，我对于幼儿玩具以及幼儿玩玩具的问题阐述了自己的观点。在我看来，让孩子学小提琴也好、学英语也好，最根本的目的不仅仅是要让孩子能够把小提琴拉得很好，把英语说得很流利，而在于通过这些学习活动来发掘幼儿的无限潜力。从这一意义上来看，不带有任何目的性的、单纯的游戏也与学小提琴和学英语一样，能够发掘幼儿的潜在能力，对孩子的成长发育有着积极影响。

《才能的发现——世界杰出人物的幼儿期》一书作者、英国的依林吉斯夫妇在该书的最后以这样的话结尾：“不管孩子能否成为伟人，也不管孩子出生时的阶层、肤色、血统如何，他们都是社会的一员。所有的孩子都有权接受同情、激励和帮助，从而最大限度地发挥自己的才能。”因此，我们大人有义务给予孩子同情、激励与帮助，并应把眼光放长远，守护在孩子身边，静待最后的结果。

为了能使孩子积极地进行主体性创作活动，日本童话作家卷吾郎先生提倡幼儿玩“演戏”游戏，他感慨道：“‘演戏’游戏能对孩子产生一种潜移默化的影响，在不知不觉间提升孩子的能力，但不会产生立竿见影的效果。因此，在孩子母亲看来，孩子的能力并没有明显的提高。这样一来，尤其是性急的‘虎妈’们，恐怕便会没有耐心坚持长期作战。”确实，“演戏”的效果无法立竿见影，例如，那些学着“演戏”的孩子上学之后，在一二年级时，其学习成绩可能与其他孩子相差无几，甚至可能会差一些。但是，上了三年级之后，这些孩子就会在班里脱颖而出，把其他同学远远地甩在后面。

在这里，我要简单地向大家介绍一下“演戏”这种游戏。

卷五郎先生讲道：“一提到‘演戏’游戏，人们往往误解为要让孩子去学演戏。但是，事实上，‘演戏’游戏并不只是单纯的机械模仿，而是要让孩子独立地表达自己的思想与情感，无须乐器伴奏，也无须化妆，与真正的演戏在形式上有所不同，是孩子的一种创造性活动。”另外，让孩子玩“演戏”游戏的目的也不单纯是要训练孩子的语言能力，也并非是要让孩子在人前进行表演。

当然，那些在幼儿时期玩过“演戏”游戏的孩子，长大之后一定能够大大方方地在人们面前发表自己的意见。不过，孩子玩“演戏”游戏，最重要的意义还在于，无论做什么事，这些孩子都能够积极地开动脑筋，发挥自己的创造能力。而且，在与小伙伴们一起玩时，他们能够非常直接、坦率地表达自己的想法。说到底，游戏本来就应该是一种自由地表现自我的活动。

第七章

在运动中培养多种能力

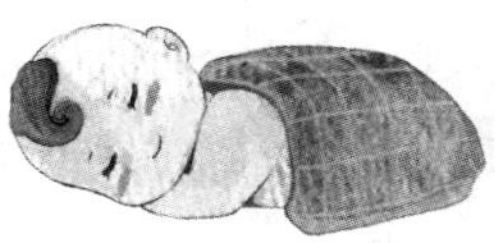

78. 让婴儿多活动身体有利于促进智力发育

从国外回来后，我注意到与外国人相比，日本人的走路方式显得有些无力。据东京教育大学（现筑波大学）教授、幼儿开发协会研究员阿久津邦男老师说，这种现象是由于日本人在脑神经回路开始形成的婴幼儿时期，没有受过站立、行走等基本动作的正规训练的结果。

如果早的话，婴儿在出生八个月大左右就开始走路了。如果在这个时期没有养成正确的走路习惯，那么他整个一生都掌握不了正确的走路方式。从这一点来看，“走路”这种最普通的动作也与音乐、英语等音感动作的训练一样，开始得越早越容易掌握。

我之所以接下来要就婴儿锻炼身体的问题进行说明，其中一个目的就是希望大家能够认识到：如果孩子没有在婴幼儿时期掌握正确的基本动作，那么，以后再想纠正就为时已晚了。俗话说：“非凡的智力来源于灵活的身体。”通过让婴幼儿掌握基本的行为动作，能够大大地促进孩子的智力发育。

在婴幼儿时期，智力随身体的发育而发展，与身体的运动与知觉紧密相关。前面也提到过，让几个月大的婴儿游泳不仅可以促进孩子肌肉发育，而且会使孩子的反射神经变得敏锐。这一事实就是最有力的证明。阿久津老师也说：“婴儿体操会促进孩子全身器官及组织的发育，增强婴儿对外界刺激的反应，使婴儿精神饱满、体力强盛。”

虽说，只要给婴儿喂奶并给予相应的保护，即使撒手不管，他们也能成长发育。但是，这样一来，婴儿原本具有的各种各样的发展潜力就得不到发掘与提升。让婴儿活动身体，不仅可以促进其肌肉、骨骼的增长，而且对他们大脑和体内各个器官的发育具有积极作用。

据说，走路走得早的孩子比走路晚的孩子头脑聪明。的确，如果不考虑别的因素，只考虑身体活动比别的孩子多这一点的话，走路早的孩子确实比走路晚的孩子更加聪明伶俐。

真正的感性

近来，纵观社会，不论男女老少，感性能力出色的人（情商高的人）似乎比具有优秀理性能力的人（智商高的人）更易受到世人的好评。而另一方面，执意强行用理性解释感性的评论家们的权威性也在不断地遭受质疑。

只有在幼儿时期才能掌握真正的感性能力，尽管如此，目前的幼儿教育仍然只重视理性能力的培养。

（一九八八年三月）

79. 不仅要锻炼右手，对左手也应勤加锻炼

在你身边，究竟有多少人是左撇子呢？我想顶多也就一两个人吧。而两只手都灵活的人也就更少了。人类的始祖亚当和夏娃是不是右撇子，这我不知道，但是，不知道从什么时候起人的右手灵活成了一种常识。汽车的驾驶席、体育用品等全都是为右撇子的人设计制作的。因此，家长理所当然地会教孩子使用右手。

据说，美国人中的左撇子比日本人中的左撇子多。但是，一般来说，右手灵活的人还是占大多数。那么，到底有没有一个确切的根据来证明人必须要用右手呢？

有一种奇谈怪论，说使用左手会给心脏带来负担。但是，我从来都没有听说过有人因为是左撇子所以心脏不好这类事情。相反，我倒是听说过有些左撇子的人因为自小对右手也加以锻炼，两只手都能自如灵活地使用。所以，当他们要写长篇文章时就事半功倍了，如果右手写累了，可以换左手继续写；左手写累了，就再换右手写，两只手都可以自如灵活地交替使用。听人这么说，我感到很羡慕。虽然已经上了年纪，但还是试着锻炼了一下左手，可惜完全没有任何效果。用左手写出来的字就像蚯蚓一样歪歪扭扭，潦草难看；用左手投球也完全投不中，球会飞到意想不到的地方去。

人的左手和右手同生同长，在构造上没有任何区别。之所以左手和右手会在使用时有如此大的差别，只能说是在婴儿时期对左右手的训练程度不同而造成的。左撇子的人的右手也像普通人的左手一样，感觉迟钝、动作不灵活。这种现象说明，如果我们对两只手都不进行锻炼的话，恐怕连筷子都不会用。

据铃木老师说，猴子的两只手都能自如灵活地使用。虽然猴子

的智力不及人类，但它们却能灵活用两只手吃东西、做各种动作。就左手的灵活使用来说，可以说人类连猴子也比不上。但是，据说有的母亲因为要用右手做其他事情，所以会用左侧的乳房来给孩子喂奶，这时婴儿的右手总是被挤压着，只能用左手去抓东西，慢慢地就会养成使用左手的习惯。而且，父母往往注意不到这一点，所以孩子便不知不觉地用左手写字等，久而久之，孩子的左手就会变得比右手灵活。

因此，只要在孩子婴幼儿时期对其加强训练，他们长大以后自然而然地左右两只手都能够灵活使用。我在前面也讲过，手指的训练对于幼儿智力的开发具有十分积极的作用。从这个意义上来说，我认为只锻炼右手而对左手置之不顾就太可惜了。

80. 正因为还是幼儿，更应该让他多走路

也许是由于交通事故频发的缘故，最近在外面很少能看到有蹒跚学步的幼儿。即使偶尔碰见一个，孩子也是由母亲拽着走，在我看来那并不能算是自己走路。有些家长总是强调因为自己工作繁忙所以没有时间陪着孩子慢悠悠地走路，但是，在此之前，希望各位家长能好好想一下“走路”对孩子来说有什么意义。

走路是一种典型的全身运动。据说人的体内共有 639 块肌肉，走路时一般会牵动其中的 400 块。与普通的劳动不同，走路这种肌肉运动并不是一项持续性的运动，而是活动与休息交替进行、具有一定的规律性的运动。据阿久津先生说，一般情况下，正确的走路方式是身体一部分的肌肉活动时，另一部分的肌肉稍作休息；另一部分的肌肉活动时，这一部分的肌肉又开始休息，是一种不断交替进行的过程。由于两部分肌肉交替活动，交替休息，体力消耗不大。因此，大脑也可以灵活地运转。

我常听说作家在写文章遇到瓶颈时，如果去外面走一走、散散心就可以涌现新的灵感、形成新的构思。我想一定是走路这一运动发挥了巨大作用的结果。

一直以来，我们都认为“走路”是一种极其普通、理所当然的动作，但是狼少女阿玛拉和卡玛拉的故事告诉我们，人会两条腿直立行走并不是天生的。如果周围的人全部都用四肢行走，那么，婴儿就永远学不会直立行走，只会用四肢爬行。因此，让孩子在幼儿时期掌握正确的行走方式是十分重要的。

有一种毫无根据的说法，认为：爱拖着脚走路的人是由于小时候刚开始学走路时总是穿着宽大、不合脚的鞋子所造成的。这种说

法是真是假尚无定论，但是，从一个人走路的样子，的确可以看出这个人的智力发育情况如何，头脑是否聪明。

亲肤育儿法

咬住母亲的乳房不放，目不转睛地盯着母亲的眼睛看的婴儿；笑嘻嘻地挡住孩子的眼睛，与孩子互动的母亲——这就是亲肤育儿法。除了抱紧、爱抚之外，母子二人并没有更多的交流。但这种交流、婴儿的这种体验均与培养最为优秀的人才息息相关。日本人创出“スキンシップ”（肌肤相亲，skinship）这一日式英语来表达这种情感的流露，十分贴切。对于日本人的这种才智，我感到非常敬佩。

（一九八八年六月）

81. 良好的体能有赖于后天的锻炼

我相信很多体育爱好者们都对池田敬子这个名字非常熟悉。这位女性曾作为日本体操选手在 1964 年第 18 届夏季奥运会上大显身手，退役后作为著名教练指导、培养年轻一代的选手。她曾在日本《幼儿开发》这一杂志上，谈论过自己的育儿经。

池田和丈夫都是体操选手。第一个孩子出生时，他们大喜过望，寸步不离孩子左右，0 岁起就教孩子做“婴儿体操”和“翻跟斗”。结果，这个孩子上小学二年级时，就能一个跟头从椅子上翻下来，表现出了惊人的运动能力。

于是，池田夫妇就认为“有其父必有其子”的说法是千真万确的，果然是虎父无犬子，他们很高兴也同时放下心来。所以，第二个孩子出生之后，安心之余，他们就放任不管了，没有让孩子做任何正式的训练。结果，这个孩子虽然也是著名的体操运动员的孩子，长大后非但不会翻筋斗，就连像样一点的体操动作也做不出来。这件事令池田深刻地感悟到：运动能力并不是天生就有的，而是靠后天的锻炼培养出来的。

的确，人的体型、体格的大小以及四肢的运动能力大多受遗传因素的影响。但是，能否发挥好这些能力，可以说完全取决于后天的锻炼程度。例如，游泳、赛跑、跳高等运动，如果不经过正规训练，无论继承了多么好的遗传素质，也仍然无法真正地得以发挥。

然而，因遗传而身体素质略差的孩子，如果能在幼儿时期加强锻炼，也能够具有出色的运动能力，发挥出超常水平。

前面提到有一对“能说七国语言的天才兄妹”，就体格来说他们也并不是特别出众，但是他们自幼就接受跑步和俯卧撑等训练，才培养出了超出常人的运动能力。只是就开始的时间来说，兄妹俩也有差别。妹妹早在十一个月大时就开始接受父亲的特别训练，而哥哥是到两岁半时才开始接受特训。也许就是由于哥哥接受训练的时机较晚的缘故，在运动会的跑步比赛中，哥哥虽然跑得也快，但常常拿不到优胜。而妹妹即便是一边向观众挥手一边跑，也能轻而易举地获胜。由此可见，虽然兄妹俩在同一环境下长大，但由于开始训练的时间不同，便造成了两个人的运动能力方面的决定性差别。

从这件事中我们可以得出一个道理，运动能力取决于后天环境的影响，而不在于遗传。人们平时所说的有无运动神经，实际上就在于有无运动环境而已，后天的锻炼是一个人运动能力强弱的主要决定因素。

82. 体育锻炼开始得越早进步越快

在前面，我们提到出生几个月的婴儿很快就能学会游泳，刚会走路的孩子很快就能学会轮滑。然而，不会游泳、不会轮滑的成年人即使刻苦练习，也很难有所长进，最后就只能半途而废。

这正像我多次提到的那样，在孩子脑细胞线路尚未完全形成的情况下，让孩子锻炼运动神经最为有效，进步神速。我是从35岁之后才开始学打高尔夫球的，虽然一直勤学苦练，但收效甚微，打得一点都不好。我总是后悔，如果我能早点开始学打高尔夫球的话，肯定不用花费那么多的时间和精力就能打得比现在好。

在我的朋友中，有一位叫作斯坦纳的美国人。他酷爱打高尔夫球，也让自己的两个孩子从小就开始学打高尔夫球。大儿子从9岁开始，次子则从7岁学起。到了8年后的今天，在打球时，哥哥总要让杆9次，而弟弟只需让杆7次，显而易见，弟弟的球技比哥哥要好。

从个人运动能力上来说，弟弟并不比哥哥优秀，倒不如说哥哥的运动神经更为出色，在其他运动中，总是哥哥更胜一筹，取得更好的成绩。那么，为什么只有高尔夫球弟弟比哥哥要玩得好呢？斯坦纳对此疑惑不已。为了解开这一疑团，查明弟弟是否掌握了什么提高高尔夫球技的秘诀，于是他便对两个孩子进行了各种各样的观察。

但是，这一谜题一直没有得到解决，他也并没有发现次子掌握了什么特殊的技巧。唯一可以想到的就是大儿子从9岁开始学习高尔夫球，而次子则从7岁就开始了学习。由此得出一个结论：任何一种体育项目，都是开始得越早进步得越快。

83. 对于幼儿来说，工作与游戏并无区别

在本节中，我想要提出的观点是：“应该多给幼儿安排一些事情做。”但前提是不要对幼儿的成果和完成程度抱有太大期待。

之所以这么说，道理很简单，因为在幼儿看来，游戏和做事并没有什么区别。说白了，对于幼儿来说，做任何事情都是游戏，同时所有游戏又都是在做事。

对幼儿来说，无论做什么事情都是没有目的的，如果硬要说有什么目的的话，也只能说做事本身就是他们的目的。而在大人眼中，再怎么简单的事情，目的都非常明确，即：非做成不可。因此，父母在让孩子玩和让孩子做事时的想法是不同的。而无论让孩子做的事情有多么简单，父母都要教给他这项任务的方法，甚至连手指的动作和身体的姿势也要一一交代清楚。

当然，做事与游戏不同，它要求幼儿必须集中注意力。在前面曾经提到过，这种简单的训练对幼儿的智力的发育及运动能力的提升是极为有益的。

据说，原东京大学校长茅诚司先生在小时候经常被父母吩咐去做庭院里的除草工作，他说这是一种珍贵的体验。如果有父母认为以自己的家庭条件无法给孩子提供小提琴、英语和音乐等技能的教育的话，那么，可以尝试实行一些随时随地都能进行的教育方法，如除草、擦地、洒水等。难道家长们都把这些简单适用的“教材”给忽略了吗？

诚然，让孩子随意玩耍，不教给他们任何方法和规则，也不对他们进行任何训练，大人确实可以乐得轻松。另外，也有很多家长认为：让孩子帮忙做事，不仅帮不上多大的忙，反而会给父母添麻烦。

甚至有父母为了避免麻烦而借口说“不忍心让孩子帮着干那么多事”。事实上，这对于幼儿来说是丧失了学习的机会，未免太可惜了。

为什么要“从0岁开始”？

人的记忆方式分为两种。一种是类似于死记硬背，不深究含义、无条件地单纯记忆的方式；另一种是找寻某种逻辑条理，以此为线索进行记忆。

人越是长大越不擅长背诵记忆，若是没有什么线索的话便很难记住。孩子从0岁开始的记忆就像掌握母语的方式一样，完全是死记硬背，但这种记忆能力是非常强的。

（一九八八年十一月）

第八章

唯有母亲才能担起教育幼儿的重任

84. 幼儿教育不是幼儿园和小学的预备教育

自我在某周刊杂志上连载了我对幼儿教育的看法之后，引起了很大的反响。从许多母亲那里听到了她们的亲身感受与宝贵体会，说她们的孩子正像我所说的那样。这使我更加坚定了信念，相信自己对幼儿教育的看法是正确的。

当然，其中也不乏有人提出反对意见和疑问，但相同的是大家对于孩子婴幼儿时期的教育十分上心。不过，我感到遗憾的是，至今仍然有人认为婴幼儿教育说到底不过是一种英才教育，目的是为了培养高才生。也有母亲认为，无论发生什么事情，都希望孩子能活到最后，所以就把体能锻炼作为唯一的教育方针。虽然她肯定零岁的婴幼儿拥有无限的能力，但也提出了下面的疑问：

“我并不是说婴幼儿能力开发论存在问题，而是说学校教育存在问题。通过婴幼儿时期的教育能力得到提升的孩子，虽然仍想进一步提升能力，但现在学校的教育能否满足他们的要求，这是一个很大的问题。虽然声称是婴幼儿能力开发，如果反被学校教育同化，认为成绩优秀才算是优等生的话，就会给人一种虎头蛇尾的感觉。”

的确，几乎所有的家长都对现在的学校教育持怀疑态度。我也是批判者之一。无论是谁到了 6 岁就要上小学，然后升初中、高中、大学。对于能力强的人来说，这种统一的升学过程会让他们感到不满，而对能力低下的人来说则是一项沉重的负担。这种千篇一律的教育方式是无法培养出肩负 21 世纪使命的栋梁之材的。

正因为存在这种弊端，我才深刻地感到了婴幼儿教育的必要性，接受过婴幼儿教育的孩子在学校的成绩似乎也很优秀，即使是在填鸭式、高分至上的教育之下也能茁壮地健康成长。只要在婴幼儿这一最为重要的时期打好基础，孩子就能成长为一个能战胜任何困难的、坚忍不拔的人。

况且，5 年或者 10 年以后，学校现在这种教育制度应该就不复存在了。到那时，人们就会明白，学校培养“考试尖子生”的做法是非常愚蠢的。母亲对于幼儿教育的看法决定着 20 ~ 30 年后的日本的未来。正因如此，可以说，对于孩子的未来也好，世界的未来也好，母亲都肩负着十分重大的责任。

85. 幼儿教育，不是有钱有闲阶层的专利

前面我以学习小提琴、英语、数学为例说明了幼儿所拥有的潜力是多么巨大，又有多少能力如果不在幼儿时期加以培养，长大后就会为时已晚、后悔莫及。

也许有人会反驳说：“我很明白你所讲的道理，但我既没有钱，又没有时间来对孩子进行教育。说白了，幼儿教育就是对那些既有钱又有时间的人而言的。”然而，教育孩子不同于游戏与休闲娱乐，并不是说只要肯花费金钱和时间就能轻而易举地完成的。

的确，有些父母让孩子学习小提琴和英语，并不是为了真正培养孩子的能力，而是为了满足自己的虚荣心或为了消遣、打发时间。因此，当他们看到有人用豪车接送孩子时，就会认为是有钱人的炫耀与卖弄，这也无可厚非。但这仅仅是一种表面现象，大多数的父母还是为了自己的孩子而努力赚钱、挤出时间来陪孩子。

而且，让孩子学习小提琴或者英语并不是发掘孩子潜能的所有方法。学习小提琴和英语只不过是其中的一些手段罢了。父母如果是认真地为孩子着想的话，一定会想出可以替代小提琴或英语教育的更好的方法，我觉得要把这样的方法论放在心上。

试问，如果说只要有金钱和时间就能发掘出孩子的潜能的话，那么，为什么有钱人家的孩子中还会有差生，而穷人家的孩子中还会有尖子生呢?

事实上，教育孩子并不取决于花费金钱和时间的多少，而在于父母对孩子的关爱和所做的努力。如果没有这些，想要发掘出幼儿所拥有的出色的潜能纯属天方夜谭。

86. 缺乏远见的父母，教育不好孩子

在前一章，我列举了种种实例对幼儿教育中存在的问题进行了阐述。然而，事实上最有条件对刚出生的婴儿仔细观察、教育的只有孩子的母亲。孩子 0 ~ 3 岁这一段人生中最重要的时期全部掌握在母亲的手中。被视作珍宝的孩子在未来是扬名于世，抑或是明珠蒙尘，取决于母亲是否从孩子一出生时就重视对他们的教育。在本章里，我想就幼儿教育中母亲的职责，毫无保留地跟大家谈一谈我平时的一些体会。

在当今日本的教育制度之下，无论是谁，只要努力学习就能考入任何一所大学，而不会因家世、身份地位以及财产的多少而受到区别对待。这一点固然很好，但同时，也导致了大学至上主义、学历万能主义弊端的出现。

如果考不上大学就不能出人头地，因此要努力学习；如果上不了名牌大学就进不了一流企业，因此，孩子们从幼儿园和小学起就被考试所包围，拼命应付考试。我在前面讲过，似乎许多母亲都认为幼儿教育只不过是一种为了孩子能进名校和名企的有效手段罢了。

然而，现代社会瞬息万变，如今的价值观又能沿用到何时呢？现在是一流的东西到了明天不一定还是一流的。更何况孩子长大进入社会是二十、三十年之后的事呢。很明显，到那时，母亲们现在的价值观应该就行不通了。

在对孩子进行教育时，如果只关注眼前的利益，目光短浅的话，恐怕培养不出新时代所需要的人才。现在的孩子们，肩负着 21 世纪未来的使命。如果母亲在教育孩子的问题上对未来缺乏远见，又怎么培育出能肩负未来使命的栋梁之材呢？在我看来，只关注眼下的

事情、目光短浅的母亲是无法尽到作为母亲应尽的责任的。

无论哪个父母都希望自己的孩子好，希望他们能出人头地。父母们总是千方百计地让孩子过得好，把孩子培养成优秀的人才。但是，问题的关键在于父母对于这种“好”和“出人头地”的含义是怎样理解的。在我看来，那些只顾眼前的利益，对 21 世纪未来缺乏远见的母亲是没有资格教育孩子的。

① 我所思考的“0 岁教育”

人的性格也好，头脑的聪明程度也好，都绝不是与生俱来的。关于这一点，我已经反复说过很多遍了，但是仍然还有很多人相信这些是天生的。

即使这些能力都是天生的，我也希望各位家长能让自己的孩子在后天尽情地做自己该做的事情，放手拼搏，应对各种挑战，这才是我所提倡的“0 岁教育”。

（一九八九年四月）

87. 对于女性来说，育儿是头等大事

“每天光照顾孩子就让我忙得团团转了，哪还有精力再去教育孩子。虽然我听过各种各样的理论，但实际上哪一种也行不通。”

如上，常有人针对我提出的幼儿教育理论提出反驳。但是，在我看来，把育儿和教育区别开来的做法本身就犯了一个很大的错误。之所以这么说，是因为每天照顾孩子本身就是最好的幼儿教育。母亲对待孩子的态度和感情，会给孩子的心灵带来很微妙的影响。

也有些母亲认为，由于家庭经济条件的关系，夫妻俩都要外出工作，根本没有多余的精力去教育孩子。还有些母亲自己想进入社会工作，不想在家里当家庭主妇。但据我所知，也有很多母亲，虽然孩子很多，工作也很忙碌，但仍把孩子培养得十分优秀。因为她们能根据环境的具体条件开动脑筋、想方设法，努力尽到自己作为母亲的责任。试问，在这个世界上难道还有比母爱更好的教育吗？

据说，妊娠期间是女性在一生中考虑问题最认真的时期。在这一时期，她们一心想着即将出生的孩子，准备当一个合格的母亲。但往往孩子一出生，她们就觉得“这项工作终于完成了，已经万事大吉了”，因而有所松懈。但是，为了不让幼芽枯萎，使其茁壮成长，必须让它晒太阳，为其浇水，这些工作只有孩子的母亲才能胜任。当一项工作完成的时候，千万不能松懈，因为接下来还有更重要的工作等着母亲去做。

对于女性来说，把孩子生下来并培养其茁壮成长，是一项需要倾注心血、全身心投入的伟大事业。

据说铃木镇一老师在和很多孩子的母亲交谈时，总是说：“你说你要忙的事情太多，没有多余的精力照顾孩子。怎么能这么说呢？

在这个世界上难道还有比养育孩子更重要的事情吗？如果说还有更重要的事情，那你当初为什么还要把孩子生下来呢？为什么不等到五六十年之后把重要的事情处理完再生孩子呢？”

在我看来，铃木老师的这番话十分恰当、简洁明了地说明了母亲的职责。为了能把我们的孩子培养成才，哪怕只有一点益处也好，我愿尽我所能做一些有益的工作，这也是我写这本书的动机所在。

幼儿教育这项伟大事业的“最高负责人”，既不是孩子的父亲，也不是老师或兄弟姐妹，而是把孩子生下来的母亲才对。

88. 幼儿教育始于母亲改变观念

我在前面讲过，如果想以正确的方式教育幼儿，首先必须使母亲改变自己的认识。也就是说，幼儿教育要从教育母亲开始。从开阔母亲的眼界、改变母亲对幼儿教育的认识这一意义上来说，可以说这本书前面所讲的那些问题也是教育母亲的其中一环。

这种说法也许对阅读这本书的母亲来说有些失礼。但是，教育孩子，特别是教育幼儿这种事是不能依赖于任何人的，只能靠母亲自己亲身实践。母亲必须自己反复思考、解决问题、不断学习、向前推进，才能做好这项工作。除此以外别无他法。当然，幼儿自己是无法选择受教育的方法的。即使你对幼儿说这样的教育适合你，或说这样的方法对你很有必要，他们也不会明白，这种行为没有任何的意义。幼儿自己不能选择自己的教育方法以及委身于其中，那是当然的。

当然，如果有母亲能毫不在意地说出“如果有什么好的教育方法的话，能否替我教育一下我的孩子”之类的话语，把教育孩子的责任推给别人的话先另当别论。但世界上大多数家长还是想自己确认、选择自己所真正认同的教育理念与教育方法的。

如果是这样的话，首先母亲自己就要做好“学习”的思想准备。幸运的是，与幼儿不同，大人有着自己明确的想法，能够自主学习。虽然我使用了像“教育母亲”这样过分的言辞，但我这么说的目的并不是要求母亲们要集中起来接受教育培训，而在于促进母亲自发地主动学习。

从事于专门教育工作的人员，在教书育人之前不仅要接受专门的教育培训，而且还要学习育人所必需的各种知识。同理，我认为母亲作为幼儿第一任也是最好的老师，也应为教育幼儿努力学习、掌握各种知识，成为经验丰富的幼儿教育实践专家。

89. 父母亲也要时刻记得向幼儿学习

有些母亲往往会因为对幼儿教育过于热心而陷入一种自以为是的境地，这是幼儿教育中存在的最危险的陷阱之一。当然，母亲这样做无疑也是为孩子着想，但是，她们并不知道这样做很有可能会在不知不觉中养成独断专行的毛病，对孩子加以压制、束缚，不利于孩子的成长。

会养成这种毛病，可以说是由于母亲长期待在家里操持家务、照顾孩子、不与他人来往所造成的。我认为母亲不应该把养育孩子看成是自己一个人的责任，不应该把所有的重担全放在自己身上，也要征求孩子的父亲、祖父母的意见，让他们帮忙教育孩子。此外，也不要满心只想着家务事和孩子，还应该广泛地关注社会上发生的事情。

另外，为了避免母亲养成独断专行、自以为是，以及随心所欲、爱慕虚荣的毛病，经常坚持向幼儿学习这个态度也是一种十分普遍且最为重要的方法。

英国诗人华兹华斯有一句名言："孩子是成人之父。"此外，我多次提到过的蒙台梭利女士也说过："孩子是我们的老师。"这些话并不单单只是针对幼儿教育而言的，而有着更为重要的意义。就整个广阔的人生来说，大人能从孩子身上学到的东西是很多的。

自古以来，人类就一直强调认清自我的重要性，并不断地为此作出努力。如今，人类对于自我的解释已经有了相当大的进展。这些解释不只是单纯的主观想法或某种信念，而是具有充分的科学依据的。生物学、医学和心理学等学科的发展已经确实地证明了这一点。关于这一点，蒙台梭利女士讲了一番话，非常有意思，她说："最初对人的生理构造的研究是通过尸体解剖进行的，而对人精神上的研究则是通过对新生儿的研究进行的。”

当然，我讲这些并不是提倡大家去研究人类学或哲学。在我看来，有些母亲之所以会养成自以为是、独断专行的毛病，正是因为她们迷失了自我，对自己没有清楚的认识，所以无法冷静、客观地审视自己、评价自己。为了避免这种情况的出现，我认为母亲必须虚心、认真地研究观察幼儿的言语、态度及内心想法。如果母亲能在这些方面有所发现的话，可以说，就发现了自己，同时发现了能直接应用于幼儿教育之中的重要方法。

90. 要想把孩子培养成才，需要父亲，更需要母亲

世界上有很多被人称为天才的人物。他们的确都具有十分出色的才能，为社会的进步与全人类的幸福做出了巨大的贡献。但从另一方面来说，他们之中有很多人性情乖戾、不好相处、体弱多病，一生过得并不幸福。

当然，这些人并非天生就是天才，也不是生下来性格上就有缺陷或身体羸弱，归根结底还是在于幼儿时期的家庭教育。他们的父母，尤其是父亲，都对教育十分热心。父亲博学多识、热心教育并不是一件不好的事情。反过来可以说，正是由于有这样的父亲，才培养出了他们远超常人的出色才能。

然而，由于父亲对孩子的知识传授过于热心，反而会禁止他们在外面玩耍或与其他孩子来往，这种做法使这些孩子幼儿阶段在社交能力及体能方面锻炼不足，结果导致他们无法成长为全面发展的人物，而成为“畸形”天才。法国伟大的哲学家、《思想录》一书的作者帕斯卡就是其中一个例子。

帕斯卡的父亲对帕斯卡寄予厚望，从小对他施以严格的家庭教育。他的父亲甚至为了能更专心地教育孩子，辞去了常年担任的官员一职。帕斯卡的父亲一贯的教育方针，并不仅仅是“填鸭”似的向孩子灌输地理、历史、哲学、语言学、数学等知识，而是注意培养帕斯卡独立思考的能力。也许正因为这个原因，后来帕斯卡作为数学家、物理学家、宗教哲学家在各领域大展拳脚，充分地发挥出了自己的实力。在帕斯卡的《思想录》中有这样一句话，“人只不过是一根苇草，是自然界最脆弱的东西，但他是一根能思想的苇草。”这句话相信大家都耳熟能详。

但意外的是，似乎鲜少有人知道这位 39 岁就英年早逝的天才曾坦言说自己 18 岁之后就没有过过一天舒心的日子。在帕斯卡 3 岁时，他的母亲就离开了人世，他从未体验过母爱的温暖，与其他同龄的孩子也没有任何交流，完全是在父亲严格的教育之下成长起来的。不可否认，这对帕斯卡的身体和精神的发育带来了严重的负面影响。

让父亲培养孩子，也许只能培养出像帕斯卡这样并非全面发展的“畸形”天才，只有孩子的母亲才能培养出身心健全、全面发展的优秀人才。基于这一想法，我才反复强调只有母亲才能真正肩负起教育幼儿的责任。

91. 母亲不应该强迫孩子接受“教育”

不知道为什么，“教育”这个词，往往会给人一种强迫或强制性的感觉。因此，一提起幼儿教育，就有很多人误以为可以无视孩子的兴趣或意愿，强行对孩子施以教育。当然，刚出生的婴儿，不能清楚地表达自己的想法，不会说喜欢什么、不喜欢什么。然而，婴儿喜欢、接受什么，以及讨厌、排斥什么，母亲应该都懂得才对。

作为母亲，职责就在于必须细心观察婴儿的诉求，给予他们适当的刺激。把自己的意志强加给孩子或强迫孩子干他们不感兴趣的事情，都势必会给孩子带来不好的影响。

大概是由于“教育”一词含有较强的“给予”的意思，所以当人一旦处于教育别人的立场时，总会不由得摆出一副要给人上课的架势来。但我认为，不称之为“教育”的教育才是最好的教育。例如，当自己的孩子会讲话的时候，相信没有一位父母会认为这是对孩子做了语言教育的结果，但实际上家长们每天都在对孩子进行语言“教育”，只是并没有把这种教育称之为教育罢了。

母亲的话语、行为及内心想法都很容易对孩子产生影响，影响他们的能力形成与性格塑造。换句话说，母亲每天在生活中对孩子的影响，都可称之为不是“教育”的教育。教授知识这种形式的教育只是教育的其中一个手段，并不是教育的全部。

日本千叶大学的名誉教授多湖辉先生一直以来致力于研究各界名人的幼儿时期。他说，只有本着正确的目的教育幼儿，非强制性地让孩子接受教育，才能收到最好的教育效果。也就是说，只有母亲以及周围的人们，能够多多理解、关心幼儿，才能算作是真正的幼儿教育的开始。

世界著名化学家、著有《伟人论》的德国作家F.W.奥斯瓦尔德曾下了这样一个结论："天才是通过启发和书本所造就的。"反过来说，这句话的意思就是说强制性的教育是极其有害的。

他们所说的书本，并不是父母所选定、给予的，而是摆在自己手边的、想看随时都能看的书本。他们从父母口中听到的话，也并不是强制性的"你一定要做个了不起的人"之类的话，而是像"我看你以后准能成为一个了不起的人"之类的带有启发性的话。

② 我所思考的"0岁教育"

"0岁教育"应该从什么时候开始做起才好呢？首先，在孩子出生之前，母亲就应该充分地做好关于育儿的心理准备。

孩子出生之后——尤其是在第一次生育的情况下，母亲一定会每天忙得不可开交，自然是没有时间思考育儿的问题。正因如此，孩子出生之后作为母亲应该有哪些考虑，该做些什么，在孩子出生之前母亲就必须事先想好。

（一九八九年五月）

92. 无论有什么理由，切勿让幼儿教育“缺席”

每年都有近 200 万新生儿诞生。以前，日本政府鼓励国民多生多育，有五六个孩子的家庭并不罕见。而现在，由于出生率大幅下降，家里只有一两个孩子的家庭已成为一种普遍现象。如今，大家都是有计划地生育，因此可以说现在的新生儿们都称得上是突破层层难关后脱颖而出的、天生的“精英”了。

然而，这些“精英”们是否都得到了与之相应的优质教育及良好的教育环境呢？答案是否定的。许多父母只是在孩子出生之前制订了缜密的计划，而孩子一旦出生之后，他们就对孩子不管不问、任其自由发展了。其实，在我看来，应该制订计划的是在孩子出生到 3 岁的这段时期，而不是在孩子出生之前。

世上有很多父母并没有什么特别的理由，就把好不容易才孕育出来的生命之种——胎儿，偷偷地堕掉了。父母们都理直气壮地指责说堕胎会给女性的身心带来伤害，但是，令我感到不可思议的是，父母们却对于孩子一出生就对其不管不问、任其自然发展这种事毫不在意。插图画家真锅博先生，把这种父母在孩子出生之后不对孩子施以教育，放任自流的现象称为“幼儿教育缺失症”。我认为比起堕胎来说，“幼儿教育缺乏”更是一种罪恶。无论父母有什么理由，都要避免让幼儿教育“流于空白”。如果这种“幼儿教育缺失症”的现象继续出现，将会给二三十年后的日本的未来以及各位的家庭带来不幸的后果。

美国打击毒品的行动失败也可以说是二三十年前，美国父母“幼儿教育缺失”所造成的。我希望，今后不会在日本出现类似的事情，所以在这里我想要多加强调孩子出生后母亲的职责的重要性。我们不能再容忍“幼儿教育缺失”的现象继续下去了。

93. 在孩子2岁之前，母亲应该充当“虎妈”的角色

那是我去国外时的事情了。有一次，我在一家餐厅里吃饭，前面那张桌上有一对带着一个2岁左右的孩子的年轻夫妇也正在吃饭。

孩子似乎很不高兴，闹着脾气执意不肯吃饭。年轻的母亲先是训斥了他，而后还动手打了孩子的屁股。而无论孩子怎么又哭又喊，直到吃完饭这对年轻夫妻也没有再管他。

而在日本，如果出现这种情况，孩子的母亲会十分注意周围人的目光，变着法子哄孩子高兴，不让孩子继续哭喊。此时，周围的人也会一脸被打扰了的样子而以责备的眼光瞪视这位母亲。

把这两个例子放在一起进行比较时，日本人也许会指责那位外国母亲，称其是“虎妈”吧。而在我看来，这种“虎妈”式的做法是完全可取的。因为在2岁之前，孩子的脑神经回路尚未完全形成，对其反复说教与严格管教有着极为重要的意义。而只有“虎妈”们才能做到这一点。

另外，也希望周围的人们能对于热心教育2岁以下孩子的年轻母亲们宽容对待，给予大力支持与帮助。

但是，孩子能接受反复说教与严格管教的时期大约到2岁左右就截止了，之后开始产生自己的意志。因此，孩子2岁之后，“虎妈”式的教育就行不通了，应该结束。如果到了这一时期，母亲仍然无视孩子的意志，把自己的意志强加给孩子，就会引起孩子的反抗心理，而且，在之前“虎妈”式的教育所取得的成果也将会付诸东流。

但是，在日本，反倒是孩子到了2岁开始产生自我意识时，“虎妈”突然增多。她们总会说这也不行，那也不行，对孩子加以各种限制。一直以来对自己和蔼可亲、宠爱有加的母亲突然变得严厉起来，

孩子会把母亲看作是凶神恶煞的魔鬼妈妈也情有可原。这种魔鬼妈妈只会没完没了地唠唠叨叨，让孩子感到十分厌烦。

可以说在幼儿教育中最为理想的母亲形象应该是：孩子 2 岁之前是严格教育的"虎妈"，而孩子 2 岁之后则是和蔼可亲的温柔妈妈。

当然，我们并不能这样轻易地就下定结论，但我认为这是作为母亲应该采取的基本态度，希望大家能对这一点多加注意。

我所思考的"0 岁教育"③

首先，作为父母要下定决心：自己想把孩子培养成什么样子，希望孩子以后成长为怎样的人。这是至关重要的。

无论是谁，虽然嘴上说只要孩子能健康长大就好……但这究竟是真心话还是场面话，还是要分情况来考虑的。

希望孩子成为一个聪明的人也好，成为一个有钱人也好，总之，不要欺骗自己，请按照自己的真实想法下定决心。

（一九八九年六月）

94. 孩子不是父母亲的私有财产

听说有些孩子到了叛逆期，与父母吵架时常常会顶撞父母说："又不是我求你们生的我，管那么多干什么！"的确，孩子并不是自愿生下来的，孩子之所以会在这世上存在，责任完全在于父母。因此，抚养孩子长大成人，使其具备良好的独立生活能力，是父母应尽的义务。这些都是理所当然的事情，不存在任何争议。

但令我感到震惊的是，竟然有相当多的父母误认为：因为父母负有抚养孩子的责任和义务，所以孩子必须要顺从父母、不能违抗父母。很多母亲在和别人聊天时，常会像是在服装店里买衣服似的随口说出"我想让这个孩子以后当工程师""我希望他以后成为音乐家"之类的话。铃木镇一老师常爱引用这样一个例子。许多母亲在让孩子学习什么的时候，肯定会问："老师，我这个孩子能不能成器？"这时铃木老师总会回答说"不能"。母亲们听了这话都会马上愣住，显示出一副很失望的样子。这时，铃木老师会补充道："不会成器，但一定可以成为一个了不起的人！"

如这话所象征的一样，母亲总认为孩子是自己的私有财产，这种独占欲非常可怕。"我的孩子就是我的"——母亲会有这种意识，正是无视孩子意识的表现。当然，即使是对于还没有产生明确的自我意识的幼儿，母亲的这种想法也是不对的。不是父母该把孩子往哪个方向栽培，应该是孩子自己想往哪个方向发展，父母就往哪个方向培养才对。

作为父母最大的责任就是要尽量多地给孩子创造条件、提供多种可能性，让孩子自行去选择、发现自己未来的发展方向。因为孩子的将来并不属于父母或其他什么人，而属于孩子自己。

95. 父母亲若缺乏自信，会不利于孩子的成长

自“二战”后，新的教育制度实施以来，民主主义教育观念深入人心，新型人才大量涌现，在各个领域中大显身手。但另一方面，在激烈的社会变革之中，各种弊端也日益明显。目前，很多人都在对大学教育等问题认真地思考，这是一种前所未有的现象。各位母亲也在认真思索着应该在家里对孩子开展怎样的教育。

但遗憾的是，母亲对教育孩子的问题越上心，就会越早地采用新型的教育方式，这样做反而丧失了自己作为母亲的教育主体性，失去了自己的主见。当战前教育被否定时，她们便把战前教育看得一无是处，任凭孩子自己发展，完全不让孩子的奶奶参与孩子的教育。

然而，如果有人指出民主主义教育太过火，倡导实行斯巴达式教育时，这些母亲又会马上转向斯巴达式教育，提出孩子的奶奶太过娇惯孩子，应该对孩子更加严格地管教。同理，如果有人提出放任主义的教育方式好，这些母亲又会马上抛弃斯巴达式教育，跟风转向放任主义的教育方式。

她们似乎错误地将教育孩子与时尚混为一谈，因此总是在不断地追随流行改变着自己的教育方式。现在，幼儿教育已经形成一种流行风尚。但事实上，很多母亲之所以对幼儿教育十分上心，并不是了解到了幼儿教育的重要性，而只是追赶时髦罢了。

不管怎么说，觉得不错就去尝试本身并不是一件不好的事情。但是，母亲是孩子最重要的，也是最好的老师，如果母亲失去了主见，就无法正确地对孩子进行教育。无论是斯巴达式也好、放任主义也好，都是根据不同的环境和年龄教育孩子的一种手段，而不是教育孩子的全部手段。

母亲在面对孩子时，应该充满自信。如果只是一味地追随流行，反而会毁了孩子。无论是多么微不足道的小事，母亲都要树立自信，从自己有把握的事情做起。对于幼儿教育来说，父母充满自信的坚定态度是必不可少的。

当然，父母不应该拘泥于错误的陈规旧套、照本宣科、固执己见。另外，如果在教育中敷衍了事、漫无计划，也无法把孩子培养成一个出色的人。

教育孩子是作为母亲最为重要的工作，绝对不能敷衍了事。希望各位千万不要成为上述所说的跟风型、固执己见型、敷衍了事型的母亲，而是要成为牢牢掌握适合自己的教育幼儿的正确方式的母亲。

96. 母亲的虚荣心会使孩子产生盲目的优越感

“我家的孩子和其他孩子不一样，我要让他学弹钢琴。”“邻居家的孩子正在学小提琴，所以我也要让我家的孩子学一学。”像这样，至今仍有很多母亲出于爱慕虚荣而让孩子去学钢琴或小提琴。

幼儿教育既不是精英教育，也不是天才教育，然而社会上却总有人对幼儿教育抱有偏见。他们会这样认为，其中一个原因就可以说是受母亲们这种爱慕虚荣的态度所影响的。

事实上，那些因母亲的虚荣心而来学习钢琴或小提琴的孩子们，自然而然地产生了一种不正常的优越感和竞争心理，自命不凡，狂妄自大，没有孩子的样子。

出于虚荣的目的而让孩子学钢琴或小提琴，不仅无法使孩子的潜能得到发掘，反而会腐蚀孩子纯洁的心灵。

无论是学弹钢琴也好，会弹钢琴也好，都不是什么了不起的事情。归根结底，学弹钢琴只不过是一种教育的手段，问题在于孩子通过钢琴或小提琴的学习掌握了什么能力，增长了什么才干。学习钢琴或小提琴，并不像某些爱慕虚荣的母亲所想象的那样有什么了不起。

用一个来铃木小提琴教室学习的孩子举例说明。比他小提琴拉得好的孩子有数千人之多。所以，在这里根本就不可能使他产生只有自己在学习小提琴、只有自己会拉小提琴这种优越感。

如果孩子真的是因为母亲的虚荣心才来到这里学习，这种虚荣心是根本不会得到满足的。那么，就必须做出选择，要么舍弃虚荣心，要么就放弃学习小提琴。

虽然，会拉小提琴的自信心与盲目的优越感看起来有些相似，事实上是截然不同的两回事。

我的儿子也正是在学会拉小提琴之后才树立了自信心，并在各方面都取得了出色的成绩。

野外小松移堂前，乃当自强不懈怠。
岁月流逝人易老，莫忘小松壮志年。
——权中纳言通俊

第九章

要教育孩子，先教育自己

97. 改变孩子，从改变自身做起

“可怜天下父母心”。有父母常用这句话来感叹孩子不听自己的话。但是，真的是孩子的错吗？在我看来，问题完全出在家长身上。

从铃木老师那里听说，有一位母亲每天和孩子势如水火，她抱怨道：“为什么会生出这么一个差劲的孩子，我真是不幸。”铃木老师听后，意味深长地说：“这是因为你的育儿方式有问题。因为你总是批评、指责孩子，所以他才会摆出反抗的架势，不给你好脸色看。虽说你们是母子关系，也应该互相尊重才是，如果你承认自己也有不对，孩子也是会理解你的。”过了一段时间之后，这位母亲高兴地对铃木老师说，在那之后，她每天都以谦逊的态度对待孩子，孩子也回以和气的态度，两人又重新开始相互交心了。

世上所谓的“虎妈”，都对孩子要求十分苛刻。如果稍微懂点事的孩子就会产生反抗心理，不高兴地说：“反正又不是妈妈你自己做，所以想说什么就说什么。”事实也确实如此，被孩子这么一说，母亲就无言以对了。如果家长只会嘴上说说而已，孩子是不会服气的。首先，家长必须身体力行，给孩子树立榜样。孩子想要有所成长本应付出十分的努力，而他的母亲却想让他只付出一两分的努力就达到目标，这显然是行不通的。当然，并不是说要求家长也和孩子做同样的事情，付出同样的努力，父母有自己应该做的事情。

据插图画家真锅博先生说，他每次和孩子一起洗澡时都会出一身大汗，这并不是因为在浴室里待得太久、热气或水蒸气所造成的，而是因为为了能让孩子老老实实地洗澡，必须要给孩子讲故事。如果总是讲同样的故事马上就会被孩子看穿，所以只好绞尽脑汁地编故事给孩子听，所以总是满身是汗。对孩子说“如果你老实听话的话，就给你买什么什么”之类的哄孩子高兴的话是起不到任何作用的，所以，就要像《一千零一夜》那样，每次或创作新故事，或把原有的故事继续往下讲，可谓绞尽脑汁。

只是对孩子严格，总是提出“把那件事做了！把这个记住！”之类的强制性要求，而自己作为家长却吊儿郎当、懒懒散散，想着“如果以后这孩子能有出息，我们也能跟着沾沾光”。我想应该不会有这么不像话的家长吧。我认为作为父母要下定决心，至少要像真锅先生那样付出努力才行，否则，幼儿教育是无法取得成功的。父母只有改掉懒散的毛病，付出努力，身体力行，才有资格教育孩子，把孩子培养好，极大地增长其才干。

98. 真正的教育，是“孩子，你将来会超过父母”

俗话说：“青出于蓝而胜于蓝”。这句话的意思是指，青从兰草中提炼出来，但颜色比兰草要深，以此来比喻学生胜过老师，后人比前人更优秀。

我在前面反复讲过，孩子的能力不是与生俱来的。即便退一百步说孩子的能力完全是父母遗传给的，那么，最起码也应通过培养使孩子达到与父母同样的水平。如果以家长的能力不能使孩子超过自己，就只能说完全是因为家长不负责任所造成的。对孩子来说，父母是第一任，也是最重要的老师。

关于这一点，铃木镇一老师在《我的幼儿开发论》一书中，从一个幼儿教育实践家的立场出发讲述了一件有趣的事情，下面做一下介绍。

他说：“在我们才能教育的教室里，我会让孩子们反复地听唱片，以此来练习小提琴。然后对孩子们说：‘希望你们能拉得比唱片好一些’。学生们都是一些年纪很小的孩子，他们响应我之后就会努力练习，都想要拉得比唱片好。不久之后，孩子们确实拉得比唱片要好一些了。因为这张唱片上的曲子本来就是我拉的，所以孩子们能拉得比唱片好是一件很不容易的事情。本来，我的教育原则就是要把学生培养得比老师优秀。我把超过我的孩子称作学生，而把没有超过我的孩子称作是见习学生。之所以这么做，是因为如果一个学生没有达到他老师的高度，接着这个学生成为一名老师的时候，他的学生又超不过他，那么，最后就会倒退回石器时代。这样就无法指望文化会有所发展、进步。无论如何，学生都必须要超过老师才行。”

引用的这番话也许有些过长了，但铃木老师的这席话恰好是对本节开头所述问题的最有力的证明。

当然，我想父母作为孩子第一任也是最重要的老师，应该都希望能把孩子培养成比自己优秀的人才吧？还有些家长认为：自己也就这个水平了，孩子最多只能达到这个水平，不能指望更多。而实际上，即使是从学问的角度来看，我认为这种自卑的想法也是完全没有必要的。

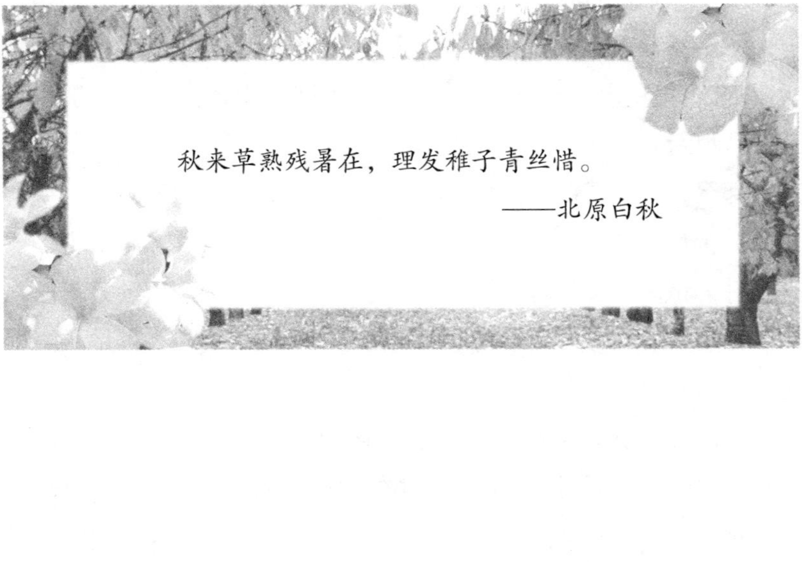

99. 只有信任别人的人才能肩负起社会的未来

当今，世界正在急速变化发展着。科学技术的进步给我们的生活带来了惊人的变化，大大丰富和方便了我们的生活。仅就电脑而言，不久前只不过在计算数字上比人类快而已，而现在电脑所能发挥的作用已经近似于人的头脑了。

类似的例子不胜枚举。科学技术的进步在丰富和方便人们生活的同时，也改变了人们的思维方式。当人们物质上的需求得到了一定的满足后，就开始追求精神上的满足。人们开始认真地考虑在这个世界上人们究竟发挥着什么作用，应做一个什么样的人。但是，一旦人的思想已经定型，那么，无论社会发生怎样的变化，都不会轻易地改变。所以，能担负起未来社会重任的只有还在成长中的幼儿，而我认识到幼儿教育的重要性也就在于此。

那么，纵观现在的社会，试想，最欠缺的是什么呢？我必须指出社会上最欠缺的是人与人之间的相互信任。社会弊端、公害、霸凌事件等诸多社会问题全部都是因为不信任他人而引起的。不论物质生活多么便利，多么丰富，人们在信赖感缺失的社会里是无法过上和睦幸福的生活的。

凡是受过小学以上教育的人都懂得应信任别人、不应给别人添麻烦的道理。然而明白道理却并不付诸实践的也是这些人。看来，只是别人教自己应该信任他人，或是自己觉得合乎情理才去信赖别人并不能产生人与人之间的相互信任。只有自己与生俱来的，或是自然而然体会到的，才能称得上是真正的信任。

幸运的是，幼儿的大脑与性格基本处于空白状态，如同一张白纸。如果从幼儿时期就开始按照这种模式对他们进行教育，那么，当他们长大成人，一定能成长为肩负社会未来的栋梁之材。

我们不能把未来的希望寄托在只是头脑聪明一些，学习好，但不信任别人的孩子身上。

“考试主义”“成绩万能主义”的学校教育是造成社会信任缺失的一大要因，正因如此，才有必要在孩子上学、上幼儿园之前就给他们打好基础，让他们学会信任别人。幼儿教育真正的目的就在于此。

④ 我所思考的“0岁教育”

我希望我的孩子成为一个什么样的人呢？我认为，如果在孩子0岁的时候，父母就想好了这个问题，那么，对孩子的期望就有很大的可能性能够实现。母亲只要在孩子不满一岁的这一年里认真想好教育方向，之后准确无误地按照预先决定好的教育方案实行就好。

只是，父母必须在孩子出生以后尽早开始实行，如果总是想着“等过段时间吧，等过段时间再说吧……”，那么，想要孩子达成自己的期望纯属天方夜谭。

（一九八九年七月）

100. 只有幼儿才能消除战争和种族歧视

我反复讲过，我对幼儿教育的思考的根本目的绝不是为培养某方面的专家而进行的才能教育或要培养天才。我的出发点在于希望每个孩子都能够全面地充分发展自己所具有的潜能，不要养成片面的思维方式或乖戾的性格。

我们在讴歌现今世界的高度文明及经济发展的同时，也不要忘记现在这个地球上依然还存在着战争、种族歧视和民族之间的纠纷。虽然，在联合国、联合国教科文组织和世界卫生组织等机构成立之后，世界上的人们都在为世界和平集思广益、携手合作，但是，要想靠我们这一代建立一个人们彼此发自内心地相互信任、宽容相待、适宜居住的美好世界是极为困难的事情。因为多年传承下来的、根深蒂固的仇恨，统治者与被统治者之间的矛盾，以及生理上对其他民族的厌恶心理等这些情感一旦沾染上，都不是那么容易就能消除的。

我们大人决不能再把这些偏见和误解灌输给肩负世界未来重任的孩子。孩子在0岁到3岁期间就像一张白纸，还不懂什么是种族歧视，也不明白什么是民族仇恨。如果从这一时期开始，就把各个民族的孩子放在一起培养，幼儿长大后就会理所当然地认为："就像人的长相和身高都各有不同一样，肤色也会有差异。"如果幼儿长大之后不是这样认为，那一定是大人把自己的思想情感灌输给孩子，对孩子加以不必要的干涉的结果。如果真的希望世界和平的话，当然也有必要对目前政治局势的发展加以关注，但我认为更应该把重点放在对肩负未来重任的幼儿的教育上，更不如说，我们应该赌一把。因为要实现真正的和平已经不是我们这一代人所能办到的事情了，只能靠孩子们这一代去实现。

我不认为我的这种愿望只是异想天开。我不知道目前我所想的、我所做的事情，对实现这一愿望起到了多大的实际作用。而且，我也不认为书中所讲述的一切，从基本观点到各种细致入微的方法都是完全正确、无懈可击的。但我希望至少能以本书为契机，全日本乃至全世界能够对幼儿教育，特别是从婴幼儿零岁开始的教育更加积极地开展讨论。我相信它还是能够取得这样一种“抛砖引玉”的作用的。